監修者――五味文彦／佐藤信／高埜利彦／宮地正人／吉田伸之

［カバー表写真］
埼玉県蓮田市馬込,
真仏報恩六字名号板碑
（延慶４〈1311〉年銘，高さ約４ｍ）

［カバー裏写真］
東京都葛飾区葛西城出土,題目板碑
（享禄４〈1531〉年銘，高さ63cm）

［扉写真］
福島県福島市陽泉寺,
阿弥陀三尊陽刻像板碑(部分)
（正嘉２〈1258〉年銘）

日本史リブレット 31

板碑と石塔の祈り

Chijiwa Itaru
千々和 到

目次

石の文化

「ヨーロッパは石の文化、日本は木の文化」という言い方は、ずいぶん前に聞いたことだ。

たしかに日本ほど古い木造建築物が残っている国は、ほかにないだろうし、また、正倉院文書《しょうそういんもんじょ》▲に代表されるような古代以来の紙本《しほん》文献がたくさん残されている国も、世界に例がないといえよう。だからたしかに日本は、木や紙の文化の国なのである。「日本には法隆寺《ほうりゅうじ》をはじめとする古い木造の建築物がたくさん残っているだけでなく、住居はほとんど木の家だ。だから太平洋戦争のとき、アメリカ軍は日本の都市の空襲には、爆弾よりも、燃えやすい木の住宅を焼きつくそうとして焼夷弾《しょういだん》というものを好んで大量に投下したのだ」という話は、

▼**正倉院文書**　奈良市正倉院（現在は宮内庁の管理）に伝わる奈良時代の古文書で、総数約一万点におよぶ。戸籍や計帳《けいちょう》、正税帳《しょうぜいちょう》をはじめとする律令《りつりょう》時代の公文《こうぶん》書《しょ》類が含まれ、当時の政治の実態をうかがうための重要な史料である。

小学校のときに先生から聞いた話である。そのころは私も古い小さな木造の二階建てに住んでいたし、近隣もみなそのような家だったから、その話は妙に納得がいったものだった。

それに引き替え、「石の文化」を考えてみると、ヨーロッパといわずアジアでも、中国の万里《ばんり》の長城《ちょうじょう》▲やカンボジアのアンコールワット▲、あるいはインドのタージ・マハル▲などの世界遺産をはじめとした立派な石造建築が残されているのに、日本にはそうした例は残念ながらあまり残っていない。

だが、日本には「石の文化」の伝統も、色濃く残されているのである。近世の城の石垣は、そうしたなかでは大きくすばらしい例といえようし、実は結構たくさんの、石でつくられた文化財が日本全国には存在するのだ。

とくにそのなかでも、中世にたくさんつくられた石塔《せきとう》、とりわけ板碑《いたび》という名で呼ばれている石塔に、私は強い関心をもっている。関東地方だけで四万基、全国ではどのくらいになるか、数えた人もいないと思われるだけの板碑が、一二〇〇年ごろから一六〇〇年ごろまでのあいだにつくられたのだ。

そうした石塔・板碑は、なぜ、どういう祈りをこめてつくられたのか、そし

▼万里の長城　北方の外敵から防御するために中国で築かれた長大な城壁。古代からつくられているが、現存するものは明《みん》代に築かれたもので、総延長二七〇〇キロ以上とされ、「人類史上最大の建造物」といわれる。

▼アンコールワット　十二世紀にアンコール王朝によって建設されたヒンズー教の寺院。中央には高さ六五メートルの高い塔がそびえ、堂塔を取りまく回廊には優美なレリーフが彫られている。

▼タージ・マハル　十七世紀半ば、ムガル帝国のシャー＝ジャハーンが亡くなった愛する妃のために造営した廟墓で、アグラ市にある。美しい白大理石のイスラム建築物で、広大な庭園のなかに立つ。

●——万里の長城(中国)

●——アンコールワット(カンボジア)

●——タージ・マハル(インド)

てそれは今まで、どのように残ってきたのか。そのあらましを、この本では紹介させていただきたいと思っている。

①──石というもの

石のもつ力

時には「石っころ」とさげすまれ、安い、どこにでもごろごろしている価値のないものの代名詞となる石だが、石には少なくとも二つの、一見すると相反する性質、力があるように思われる。

第一は、かたい、動かないという性質であろうか。これはよく知られた性質、力だ。

そして第二は、一般的にはあまり注意されないけれど、なにか不思議な力が秘められているとされることである。

いろいろな伝説に、大きな石が光を発したとか、石が大きく成長した、ということが語られているし、洋の東西を問わず、人が石になった、という話が残されている。たとえば魔女に魔法をかけられた王子は石となり、愛によってよみがえるし、那須《なす》の殺生石《せっしょうせき》▲は、美女として帝王をたぶらかした九尾《きゅうび》の狐《きつね》が石となったあとも通りかかる人びとを殺してしまうという話である。殺生石は、

▼那須の殺生石　那須湯本《ゆもと》の殺生石は、中国や日本で帝《みかど》をたぶらかし悪逆の限りをつくした美女玉藻前《たまものまえ》(実は九尾の狐)が追われて石に変身したものとされ、往来する人びとを毒気で苦しめたという。毒気の正体は火山性のガスだったのだろうが、やがて玄翁和尚の法力《ほうりき》でくだかれ、人びとも狐も救われることができたという。

玄翁《げんのう》▲という曹洞宗《そうとうしゅう》の僧侶がこれをゲンノウという工具でかちわってやっと往《おう》生《じょう》させたという話で、この本にも関わりの深い石工《いしく》という職種にまつわる伝説ともなっている。

第一の性質、かたい、動かないという力は、それがあるからこそ建築物の礎《そ》石《せき》となり、長く功績を残すための石碑《せきひ》として使われるわけだ。そして境界に立つ牓示石《ぼうじいし》となるのも、それが動かないものだからであるにちがいない。だがそれだけでは、なぜその石を使ったのか、どうもよくわからないことがある。

たとえば山梨県では結構大きな丸石が、なんの加工もされないままで、なぜ路傍《ろぼう》の神としてまつられているのか。このことについては、かつて中沢厚や網野善彦が注目した「石のもつ境界性」が一つの答えになるが、それはもっといえば、石には不思議なエネルギーが秘められていると昔は信じられていた、ということになるのではないだろうか。いや、昔だけではない。最近だって、水晶でつくられた首飾りはなにかのエネルギーをあたえてくれると信じている人びとがいるではないか。

▼**玄翁**　南北朝《なんぼくちょう》～室町《むろまち》時代の曹洞宗の僧、源翁心昭《げんのうしんしょう》のこと。越《えち》後《ご》の出身で、出羽《でわ》・下野《しもつけ》・常陸《ひたち》など各地の寺で住持《じゅうじ》をつとめ、通行の人びとを苦しめた那須の殺生石を打ちくだいた逸話で知られる。

●—奥山荘・荒川保の境に立つ牓示石(新潟県関川村)

●—丸石の道祖神　山梨県内には，よくこうした丸い石がまつられている。

もちろん、すべての石にそうした力が備わっていたと考えられたわけではない。だが、たとえば古代の大王《だいおう》▲は、みずからの石棺《せっかん》にするために、なぜわざわざ遠い九州の阿蘇《あそ》から瀬戸内海を渡らせてまでピンク色の石を取りよせたのか、なぜ関東地方の板碑《いたび》では、青石《あおいし》と呼ばれる秩父《ちちぶ》の緑泥片岩《りょくでいへんがん》が遠くまで運ばれてつくられていたのか、などと考えると、少なくともある色、ある形の石は、遠くから取りよせる価値のある、秘められた力をもつものだったと考えてよい。

こうした石のもつ二つの力が、石塔《せきとう》や石仏《せきぶつ》としてつくられた理由なのであろう。

石にきざまれた銘文「金石文」

このような特性をもつ石には、したがってしばしば銘文《めいぶん》がきざまれる。その銘文が後世、長く残されるように、ということであろう。そうした銘文は、「金石文《きんせきぶん》」とも呼ばれる。「金石文」とは、中国・韓国と日本で共通した呼び名で、金属や石材に刻した字・文のことをいう。

ここでまず日本の金石文について、略述しておこう。日本の金石文は、碑《ひ》

▼**大王のひつぎ**　継体《けいたい》大王(天皇)などの古墳の石棺には、熊本の阿蘇溶結《ようけつ》凝灰岩が用いられている。この石はあざやかなピンク色で、畿内《きない》まで五〇〇キロ以上も運ばれていることが注目される。二〇〇五(平成十七)年の夏、約一カ月をかけて熊本から大阪まで、いかだに石棺を載せて手こぎの舟で引く壮大な実験が行われた。これは、「大王のひつぎ実験航海」と呼ばれる。

銘《めい》・墓誌《ぼし》銘・造塔《ぞうとう》銘・造像《ぞうぞう》銘(造像記)・鐘《しょう》銘・鏡《きょう》銘・刀剣《とうけん》銘・経筒《きょうづつ》銘、およびその他の器物《きぶつ》銘に類別される。都道府県や市町村などの歴史を書いた自治体史では、便宜上、扁額《へんがく》、印章《いんしょう》や木簡《もっかん》、土器《どき》墨書《ぼくしょ》などを含めて金石文とする場合も多いが、これはいわば編集上の都合というべきであろう。金石文のなかでも、石碑は重要なものだが、日本では石碑は中国に比して数が少なく、とくに中国のように大きな石材を用いた例はあまり多くない。また本格的なものは古代にとくに集中しており、これは古代に比較的盛んに中国の文化が受容されたためと考えられている。

　こうした事情を反映して、江戸《えど》時代以来の金石文研究も、古代のそれを対象とした研究が盛んに行われてきたように思う。一七〇〇年前後、儒学者《じゅがくしゃ》の並河《なみかわ》誠所《せいしょ》がまとめた『擬集古録《ぎしゅうころく》』▲は金石文や古文書《こもんじょ》のめぼしいものを集めて銘文を記録し、それに考察を加えた先駆的研究といえる。また一八〇〇年前後からは各地で地誌編纂が盛んとなり、このなかで江戸幕府《ばくふ》の老中《ろうじゅう》をつとめた松平定信《まつだいらさだのぶ》によって『集古十種《しゅうこじっしゅ》』▲が編纂されたほか、国学《こくがく》・考古学者の藤貞幹《とうていかん》の研究がなされ、狩谷棭斎《かりやえきさい》の『古京遺文《こきょういぶん》』▲が著わされた。こうした江戸時代の研究は、近

▼**『擬集古録』**　川越藩《かわごえはん》の藩儒《はんじゅ》などをつとめた並河誠所が国内の有名な金石文の銘文などを集成し、コメントを付した本。刊行されているのはそのごく一部で、京都大学に良質な写本が残されている。

▼**『集古十種』**　一八〇〇(寛政《かんせい》十二)年、松平定信が編纂した古物の集成。一点ずつの寸法や模写図が記されているのが特徴。

▼**『古京遺文』**　一八一八(文政《ぶんせい》元)年に狩谷棭斎が著わした古代の金石文に関する考証学的研究書で、「宇治橋断碑《うじばしだんぴ》」などが掲載されている。

代の研究の基礎を形づくったものとして重要なものである。

近代にはいると、二十世紀初頭の木崎愛吉《きざきあいきち》の『摂河泉《せっかせん》金石文』をはじめ各地ごとの金石文の集成が盛んに行われ、木崎の『大日本金石史』や『日本考古図録大成』の第三輯として入田整三《いりたせいぞう》によって『金石文』の図録も刊行された。また第二次世界大戦ののち、竹内理三《たけうちりぞう》により『寧楽《なら》遺文』『平安《へいあん》遺文　金石文編』が編纂されたのは、これらの資料収集を踏まえた成果であり、また金石文に古文書と同等の史料価値が認められたと評価することができることでもあろう。そして、埼玉県行田《ぎょうだ》市埼玉《さきたま》の稲荷山古墳《いなりやまこふん》から出土した鉄剣《てっけん》は、保存作業のなかで一九七八(昭和五十三)年に金象眼《きんぞうがん》銘一一五字の存在が知られることとなり、とても大きな議論になった。「辛亥年《しんがいのとし》七月中記」「獲加多支鹵《わかたける》大王」の語などからこれは五世紀の雄略《ゆうりゃく》天皇▲の時代のものであるとされ、他の文献史料に乏しいこの時期の大和《やまと》朝廷《ちょうてい》の歴史を知るうえできわめて重要な同時代史料であると考えられたからである。

そのような古代の金石文に比べると、中世の金石文は、いささかマイナーな資料として扱われることが多い。

▼**雄略天皇**　五世紀後半の天皇で、諱はワカタケル。専制的・武断的な大王とされ、『宋書《そうしょ》』「夷蛮《ばんい》伝《でん》」にみえる倭《わ》の五王《ごおう》のうち、最後の倭王武《ぶ》にあたると考えられている。

中世以降の金石文は、梵鐘《ぼんしょう》をはじめとする仏具にきざまれた銘文と、板碑をはじめとする各種の石塔にきざまれた銘文とがおもなものである。そして、いわゆる石碑は、ほとんどない、というのが実情である。石碑は、儒学が盛んになる江戸時代まで、日本ではほとんどつくられないことがわかっている。逆にいえば、これが中世の金石文の特徴であるともいえる。つまり、中世の金石文は、そのほとんどが仏教的供養《くよう》のためにつくられたものの銘文である、ということなのである。

それを特徴づけることの一つが、「梵字《ぼんじ》」(サンスクリット文字)の盛行であるといえよう。

中世に日本でよくみかける文字は、三種類ある、といったら、びっくりされるだろうか。一つは漢字、そして日本でつくられた仮名《かな》文字。仮名文字にはいうまでもなくひらがなとかたかなの二つがあるが、どちらも漢字をもとにしてつくられているから、ここでは一くくりにしよう。そして、第三が、梵字なのである。

梵字は、古代インドの文字が仏教の経典《きょうてん》とともに中国に伝わり、それが密《みっ》

胎蔵界大日如来
ア
アーンク
金剛界大日如来
バン
バーンク
阿弥陀三尊
キリーク
弥陀
サ
観音
サク
勢至
顕教四仏
北
ユ
弥勒
東
バイ
薬師
西
キリーク
弥陀
バク
釈迦
南
金剛界四仏
北
アク
不空成就
東
ウーン
阿閦
西
キリーク
弥陀
タラーク
宝生
南
十三仏
タラーク
虚空蔵
ウーン
阿閦
バン
大日
サク
勢至
キリーク
弥陀
バイ
薬師
サ
観音
カ
地蔵
ユ
弥勒
マン
文殊
アン
普賢
カーン
不動
バク
釈迦
胎蔵界四仏
北
アク
天鼓雷音
東
ア
宝幢
西
アン
無量寿
アー
開敷華王
南

●—梵字種子表

教《きょう》を学んだ入唐僧《にっとうそう》らによって日本に伝えられたものである。日本で使われた梵字はシッダマートリカ体という唐の時代に流行した字体で、その名から悉曇《しったん》とも呼ばれる。中国では、このあと別の字体の梵字も伝わり、用いられたというが、日本にはどうもその後の梵字の伝播はみられないようだ。

梵字は、一つずつは表音文字であるが、切継《きりつぎ》といっていくつかの文字をくっつけて、ある言葉をあらわす表記法が用いられる。たとえば「キリーク」という梵字は、一つずつは「カ」と「ラ」と「イー」と「アク」という音をもつ字が一つになってつくられているのである。こうした特徴から、梵字は一万数千字というほど数多くあるのだが、日本ではこの梵字によって、仏の言葉・呪文《じゅもん》（真言《しんごん》・陀羅《だら》尼《に》という）を記したり、一文字の梵字である仏や菩薩《ぼさつ》を表現する（種子《しゅじ》という）などのことが行われた。中世の石塔には、こうした梵字が多用されている。

奇妙な形状にさえみえる梵字は、当時の人びとにとっては、文字どおり摩訶《まか》不思議▲な字だったことだろう。読めないが、なにかありがたい文字、これが中世の人びとの思いだったのではないだろうか。

▼摩訶不思議　摩訶は「大きい」という意味の梵語で、非常に不思議、という意味。

中世の石碑

日本の中世では、石にきざまれた銘文は、そのほとんどが石塔の銘であり、いわゆる石碑の類は少ない。少ないなかで注目できるのは、京都市右京《うきょう》区嵯《さ》峨《が》の二尊院《にそんいん》にある「空公行状《くうこうぎょうじょう》碑」、宮城県松島《まつしま》町雄島《おじま》の「頼賢《らいけん》行状碑」と、茨城県つくば市の三村寺《みむらでら》▲跡や土浦《つちうら》市般若寺《はんにゃじ》にある「結界《けっかい》碑」などである。「結界碑」は、鎌倉《かまくら》時代中期に西大寺《さいだいじ》叡尊《えいぞん》▲によって再興された律《りつ》宗の僧侶が律院を外部の世界から結界することを示したもので、「大界外相《だいかいげそう》」などの銘文がきざまれたものである。以上はいずれも江戸時代からすでに知られていたものであるが、大阪狭《さ》山《やま》市で発掘された「狭山池改修碑」も、とても重要な新資料といえる。

まず、京都市右京区嵯峨、二尊院の「空公行状碑」である。

二尊院は、法然上人《ほうねんしょうにん》の弟子、湛空《たんくう》▲が再興した寺で、多くの貴族《きぞく》の墓もおかれている。この古刹《こさつ》に一見して中国風の石碑がある。その高さは一三七センチ、幅は六五センチ、厚さは二〇センチほどで、石材は花崗岩《かこうがん》である。上部の額には「空公行状」と二行に大書され、その下には湛空の生前の行状が詳細にきざまれている。この碑の「空公」は、かつては法然上人の諱《いみな》の源空《げんくう》であるとされてい

▼三村寺　茨城県つくば市の廃寺。鎌倉時代後半に一時叡尊の弟子忍性《にんしょう》がはいり、関東の重要な律宗の拠点となった。

▼叡尊　字《あざな》は思円《しえん》。鎌倉時代に戒律《かいりつ》を復興した真言律の僧侶で、朝廷の帰依《きえ》を受け、各地で非人救済や殺生禁断などを行い、彼の弟子忍性は鎌倉幕府に重用された。

▼湛空　法然の弟子で、京都の浄土《じょうど》宗の中心的人物だった。嵯峨の古刹二尊院を再興し、法然の遺骨を迎えてこれを安置した。

空公行状碑（京都市右京区、二尊院）

頼賢行状碑（宮城県松島町、瑞巌寺）

●―三村寺結界碑（茨城県つくば市）

●―狭山池改修碑（大阪府大阪狭山市）

たこともあり、意図的な字の削除の痕も残るとされるが、川勝政太郎によって詳細な検討が加えられ、法然の弟子の湛空の行状碑であることが確定した。

形状はたしかに中国風ではあるが、龍の彫刻がなく、台石《だいいし》も亀趺《きふ》ではなく蓮《れん》華《げ》の反花座《かえりばなざ》とするなど、違った様相もみえる。また碑文は、「□□□□空公上人行業碑、聖暦建長《けんちょう》五□秋七月廿□□□□、帰寂于西山二尊院、□年七十八」から始まり、一二五三(建長五)年に没した湛空の行状碑であることが明瞭である。そして末尾には「大宋国慶元府《だいそうこくけいげんふ》打石、梁成覚刊」とある。「刊」は「碑文をきざむ」の意味の字だから、この石碑は素直に読めば、南宋《なんそう》の慶元府(のちの寧波《ニンポー》)の梁成覚という石工《いしく》が彫ったものとなるであろう。川勝はこの碑の主体部は日本の石工の製作であろうとされるが、あるいは、南宋の慶元府の石工に発注して製作し、輸入したものである可能性もなくはあるまい。そうだとすれば、南宋末の日中交流の資料が一つ追加されるわけで、石材産出地の科学的検証が必要なのではあるまいか。

つぎに、宮城県松島の、雄島「頼賢行状碑」である。

日本三景《にほんさんけい》に数えられる宮城県松島は、日本有数の観光地であるが、この松島の一画に雄島がある。雄島は鎌倉時代から多数の墓がつくられた霊場《れいじょう》であったと考えられ、現在でも多くの石塔や石碑に取り囲まれたひっそりとした空間は、観光地とは異質の雰囲気につつまれている。

この雄島の南端近くにこの「頼賢行状碑」は立てられている。現在は保護のため小さな覆い屋のなかに保存されており、なかなか全体の姿をうかがうことは困難だが、高さ三三五センチの大きな板状の粘板岩《ねんばんがん》の碑である。そして碑面は上下に分かれており、上部中央よりやや上に大日如来《だいにちにょらい》をあらわす梵字のア字を大きくきざみ、その右に「奥州御島妙覚庵《おうしゅうおじまみょうかくあん》」、左に「頼賢庵主行実《あんじゅぎょうじつ》銘幷序」という楷書《かいしょ》の刻銘がある。また下部には一八行六四三字の碑文が草書《そうしょ》できざまれており、この碑文から、一三〇七（徳治《とくじ》二）年に松島雄島妙覚庵主であった頼賢の徳行《とくぎょう》を後世に伝えようと弟子三〇余人が立てたものであることがわかる。

なお、碑の周囲には雷文《らいもん》と唐草文《からくさ》、上部と下部のあいだには双竜が陽刻されており、また鎌倉建長寺《けんちょうじ》の第十世で、元《げん》から使者として日本に遣わされ、そのまま日本に滞在した禅僧の一山一寧《いっさんいちねい》▲が撰ならびに書をなしたということも明記されており、中国との関わりを強く感じさせる内容である。だが一方で、こ

▼**一山一寧**　日本遠征失敗ののち、元は一山を使節として日本に派遣し一二九九（正安《しょうあん》元）年博多《はかた》に到着した。しかし鎌倉幕府はこれを疑い、一山らを一時伊豆《いず》の修禅寺《しゅぜんじ》に幽閉《ゆうへい》した。だが一山の名声を聞いた執権北条貞時《しっけんほうじょうさだとき》は深く帰依して彼を建長寺の住持に迎え、また後宇多上皇《ごうだじょうこう》も一山を京に招き南禅寺《なんぜんじ》に住させるなど、日本の禅宗史上重要な僧となった。

の碑の上部の梵字のア字は、当時日本で盛んにつくられていた板碑と共通した特徴であるといえよう。

以上の二つは、外形や製作者などの点で、中国との関係がきわめて深いものと考えられる。しかし、亀趺がないことや、頭部に梵字の種子がきざまれていることなど、日本的な要素が取り入れられており、当時の日本の石塔・板碑を多分に意識してつくられていることも明瞭である。

そして三つ目として、大阪狭山市の「狭山池改修碑」を紹介しよう。

狭山池は、奈良時代の僧行基《ぎょうき》▲が七三一(天平《てんぴょう》三)年に灌漑《かんがい》用に堤《つつみ》を築いたとされるが、その後、水がもれるようになり、東大寺《とうだいじ》再建の大勧進《だいかんじん》として活躍した重源《ちょうげん》▲(「南無阿弥陀仏《なむあみだぶつ》」と名乗る)が大規模な改修をし、さらに慶長《けいちょう》年間(一五九六〜一六一五)に改修され、現代にいたったものだった。その間、付近の水田などの灌漑に用いられてきたが、近年、現代的な改修工事がされることになり、一九九四(平成六)年に発掘調査が実施されたのであった。

その発掘調査の結果、ヒノキ材を箱形に組み合わせた樋《ひ》や石組みの護岸施設が発見された。その石組みには、兵庫県加古川《かこがわ》市付近産出の竜山石《たつやまいし》と呼ばれる

▼**行基**　奈良時代の僧で、民衆を教化し、またそれと結合して大規模な土木事業を行った。狭山池の修堤も、彼の事業の一つであった。

▼**重源**　一一八〇(治承《じしょう》四)年の兵火で炎上した東大寺の再建のため、翌年造《ぞう》東大寺大勧進の宣旨《せんじ》を受けた重源は、三度におよぶ入宋の経験を生かして、宋人陳和卿《ちんなけい》らの協力をえて宋の技術を導入し、早くも八五(文治《ぶんじ》元)年に大仏開眼《だいぶつかいげん》会《え》を行った。

凝灰岩《ぎょうかいがん》の古墳石棺の部材や、この「狭山池改修碑」などが転用され再利用されていたのである。この再利用は、部材の年輪年代測定の結果から西暦一五六六年以後十数年〜数十年くらいと考えられ、文献史料との対照から慶長年間の狭山池改修のときに行われたものと推測された。

「狭山池改修碑」は現地に近い地域産出の「和泉《いずみ》砂岩」で、一部が剝離《はくり》などで解読できないが、銘文はつぎのようなものである（」は改行を示す）。

敬白三世十方諸仏菩薩等
　狭山池修復事
右池者昔行基菩薩行年六十四」歳之時以天平三年歳次辛未初築」堤伏樋而年
序漸積及毀破爰依摂津《せっつ》」河内《かわち》和泉三箇国流末五十余郷人民之」誘引大和尚南
無阿弥陀仏仏行年八十二」歳時自建仁《けんにん》二年歳次壬戌春企修復」即以二月七日
始掘土以四月八日始伏石」樋同廿四日終功其間道俗《どうぞく》男女沙弥《しゃみ》少」児乞丐《こつがい》非人《ひにん》
等自手引石築堤者也是」不名利偏為饒益也願以此結縁《けちえん》□□」一仏長平等利益
法界衆生《ほっかいしゅじょう》敬白
（梵字　ア・バ・ラ・カ・キャ）

大勧進造東大寺大和尚《だいおしょう》
　　南無阿弥陀仏
少勧進阿闍梨《あじゃり》(バン)阿弥陀仏
(梵字・光明《こうみょう》真言)　浄阿弥陀□
　　順阿□□□
　　□□□□□
　　□□□□□
□阿□□□
□阿□□□
番匠廿人之内」造東大寺大工伊勢《いせ》□」同物部為里《もののべのためさと》
　造唐人三人之内　大工守保

つまり、狭山池は、奈良時代の僧行基が七三一年に堤を築いたが壊れたので、流末の人民の願いで重源が行年八二歳のとき、一二〇二(建仁《けんにん》二)年の春に修復を企て、二月七日から工事を始め、四月二十四日に終功した。その間、道俗男女・沙弥・小児まで同地の人びとが手ずから石を引き、堤を築いたという碑文の内容である。なお末尾の交名《きょうみょう》には「唐人三人」「大工」などとあり、東大寺再建を担った中国から渡来した人びともこの修築に大きな力を発揮した可能性がある。いずれにせよ、類例のない貴重な出土品であった。

以上が、中世の石碑と呼べるものである。つまりどれも、仏教的な碑文がきざまれている。

つぎに中世の石塔・板碑を考えていきたいが、それは一面では、中世の金石文を読み解いていく作業でもあるのである。アプローチの仕方はさまざまあるが、私の石塔・板碑へのアプローチの仕方は、まずは銘文を読み解くということなのである。

②—板碑と石塔を考える

板碑という呼び名

板碑《いたび》は、中世の石塔《せきとう》の一種である。

しかし、最初に断わっておかなければいけない。つまり板碑がつくられた時代——それは、一般に中世と呼ばれるのだが——板碑をなんと呼んだのか、あまりはっきりとはしていない、ということについてである。板碑にきざまれた銘文《めいぶん》などから考えると、どうやら定まった名前はなくて、ただ「石卒都婆《いしそとば》」などと呼ばれていたようだ。板碑を板碑と呼ぶようになったのは、ちょっとおかしなことだが、板碑がつくられた時代よりはるかにのちの、江戸《えど》時代の後半のことなのである。

江戸時代の後半に、文人《ぶんじん》たちのあいだで、板碑はなかなか人気があったようだ。美しい青い色に、大きくきざまれた梵字《ぼんじ》という名の意味不明な文字は、なにか不思議な感銘をあたえたにちがいない。そこで彼らは、板状の石碑《せきひ》だということで、板碑という名をつけたのであろう。

でも、板碑はけっして石碑ではない。石碑が、誰かや事件の記念碑のようなものや、墓碑《ぼひ》のようなものを意味するとするならば、日本では少なくとも中世には、ほとんどつくられはしなかった。石碑は古代には上野三碑《こうずけさんぴ》▲や多賀城碑《たがじょうひ》▲などが知られているのだが、中世にはあまりなく、江戸時代になって、儒教《じゅきょう》の興隆とともに、中国風の石碑がたくさんつくられるようになるまで、ほとんどつくられなかったのである。石碑がたくさんつくられた時代に生きた文人たちが、いわば板碑を「再発見」して、「板碑」とネーミングした、ということになるのだろう。

では、板碑はなんなのか。一言でいえば、板状の、石でつくった卒塔婆《そとば》▲である、ということになろうか。でも、だから板碑を「板石塔婆《いたいしとうば》と呼ぶべきだ」という方々がいる。私は、この意見にはあまり賛成できない。板碑は石碑ではない、というお気持ちはとてもよくわかる。でも、板碑を否定して、新しく「板石塔婆」という言葉を造語するのはいかがなものだろうか。一〇〇年以上前に先人がつくった「板碑」という言葉を、私たちの世代の造語におきかえることは、ちょっと避けたいな、これが私の正直な気持ちである。「板碑は中世の石塔であ

▼上野三碑　群馬県内には古代の碑として山《やま》ノ上《うえ》碑(六八一年。高崎《たかさき》市山名《やまな》町)、多胡《たご》碑(七一一年。高崎市吉井《よしい》町池《いけ》)、金井沢《かないざわ》碑(七二六年。高崎市山名町)の三碑がある。これらを総称して上野三碑という。山ノ上碑と金井沢碑は地方豪族《ごうぞく》の仏教の受容を知らせ、多胡碑は多胡郡建郡《けんぐん》の事情を記しており、碑文は正史《せいし》の欠を補う好史料であるといえる。

▼多賀城碑　宮城県多賀城市の特別史跡多賀城跡内の小高い丘に立ち、「壺《つぼ》の碑《いしぶみ》」とも呼ばれる。多賀城は古代陸奥《むつ》の国府がおかれたところで、碑は高さ約二メートルの大きさである。碑文には多賀城から京《きょう》、下野《しもつけ》国、常陸国などまでの距離が書かれ、つぎに多賀城がつくられた経緯などが記されている。この碑は松尾芭蕉《まつおばしょう》も訪れるなど江戸時代から世に知られていたが、近代には碑の偽作説が唱えられた。しかし最近、偽作説の根拠

る」、これでよいのではないだろうか。

では、石塔とはなにか

石塔とは、石でつくられた仏塔《ぶっとう》のことである。日本の前近代の塔は、いずれも仏塔としてつくられた。塔や塔婆という言葉は、仏塔を意味するストゥーパの音を漢字であらわした卒塔婆・卒都婆の略であり、本来、釈迦《しゃか》の骨とされる仏舎利《ぶっしゃり》を安置する施設であるとされる。そして仏舎利を安置する場合には、それを塔の心柱《しんばしら》の直下の心礎《しんそ》に穴をうがっておさめることが多いが、その上部の構造は、仏教がインドから中国・朝鮮をへて日本にはいってくるあいだにさまざまな形に変化し、さらに日本にはいってからも多様な形を生み出すことになる。

仏教の信仰の中心、信仰の対象として尊重されてきた塔には、木造や金属製の塔、瓦《かわら》や泥《どろ》でつくられた塔、そして石塔などさまざまな素材の塔があった。塔は木造のものが大きいのでめだつが、石造の小さな塔のほうが、数的にはずっと多く、ほとんど無数にあるといってよい。とくに中世以降、日本では五輪《ごりん》

が洗いなおされ、碑の資料的価値が再認識されてきている。

▼卒塔婆　サンスクリット語の「ストゥーパ」の漢訳。卒都婆と書かれることも多い。これを略して塔婆、塔と呼ばれる。ストゥーパは釈迦の滅後その遺骨を分配し、それをまつるために八つの地方に造立したことに始まる。つまり仏舎利の奉安施設のことである。

さまざまな石塔

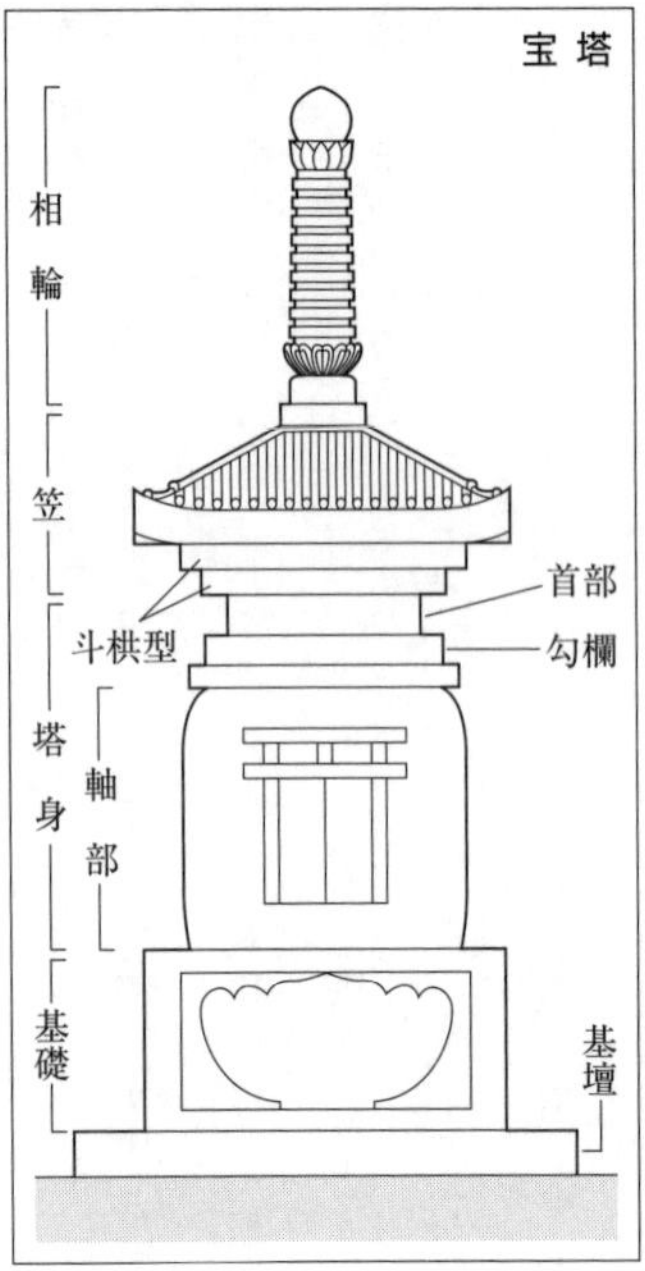
宝塔
相輪
笠
斗栱型
首部
勾欄
塔身
軸部
基礎
基壇

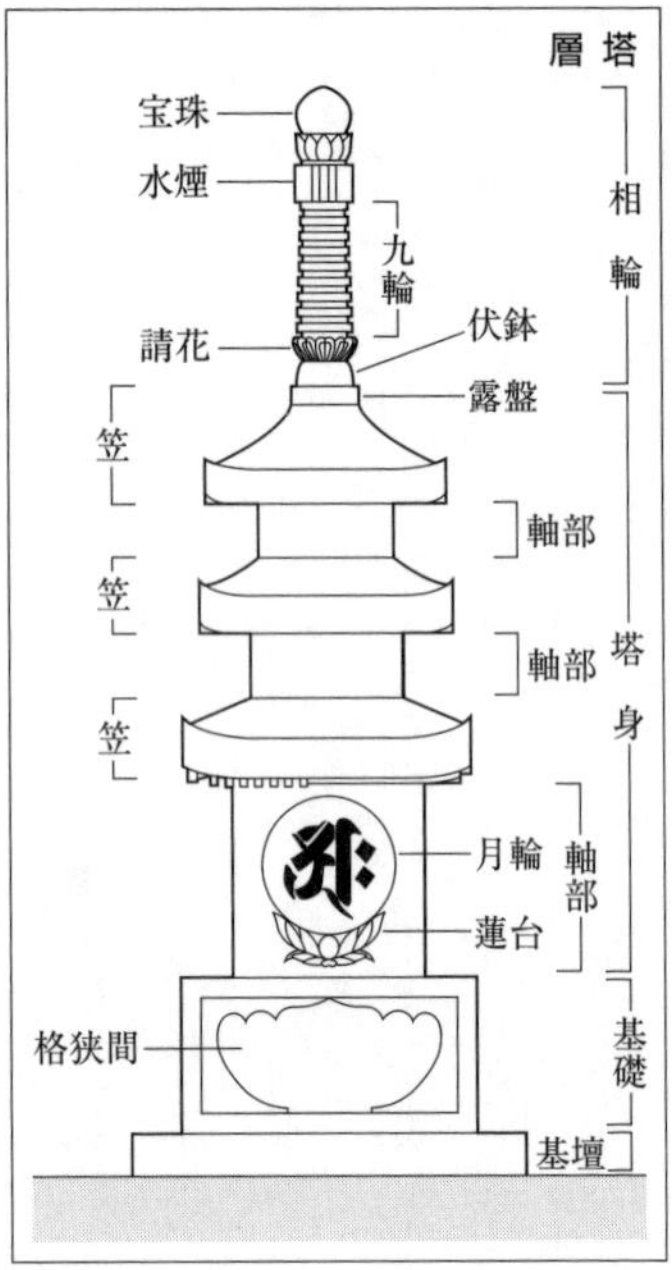
層塔
宝珠
水煙
九輪
請花
伏鉢
露盤
相輪
笠
軸部
笠
軸部
笠
塔身
月輪
蓮台
軸部
格狭間
基礎
基壇

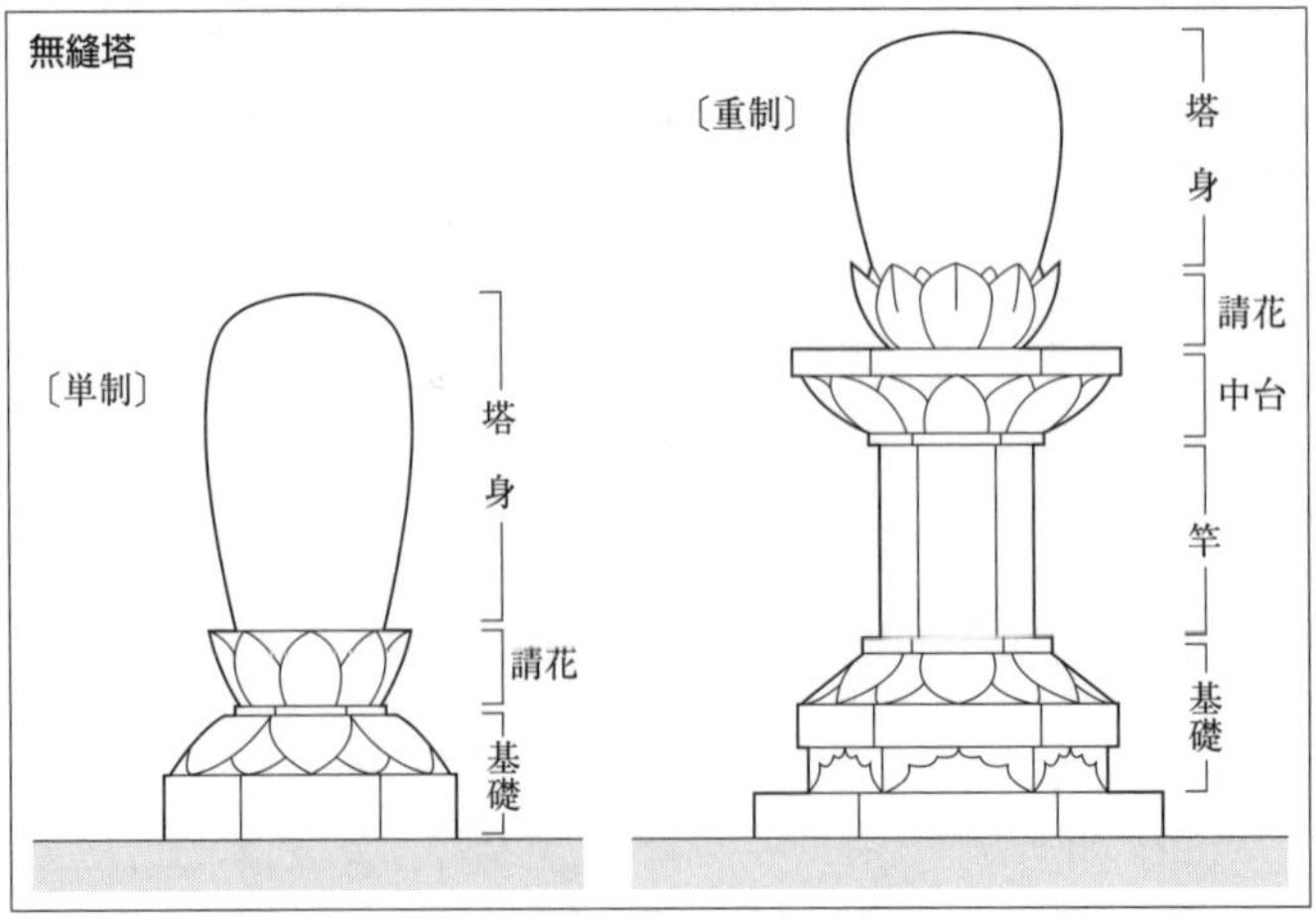
無縫塔
〔単制〕
塔身
請花
基礎
〔重制〕
塔身
請花
中台
竿
基礎

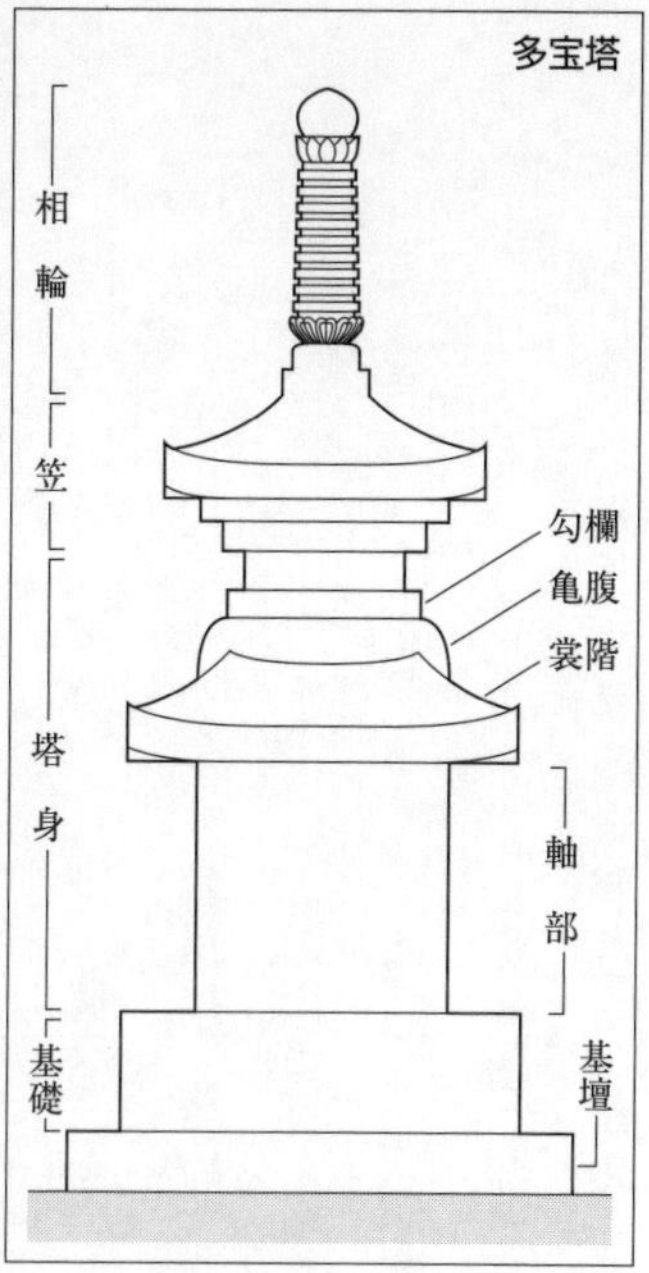
多宝塔
相輪
笠
塔身
基礎
勾欄
亀腹
裳階
軸部
基壇

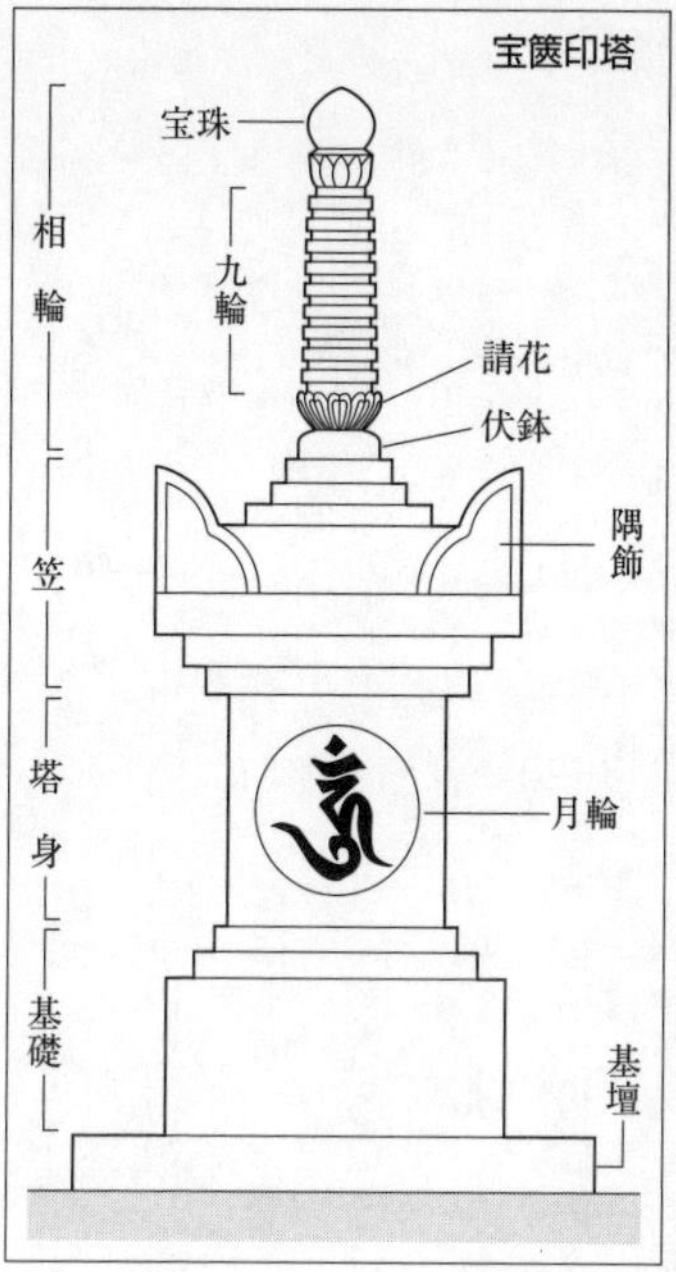
宝篋印塔
宝珠
相輪
九輪
請花
伏鉢
隅飾
笠
塔身
月輪
基礎
基壇

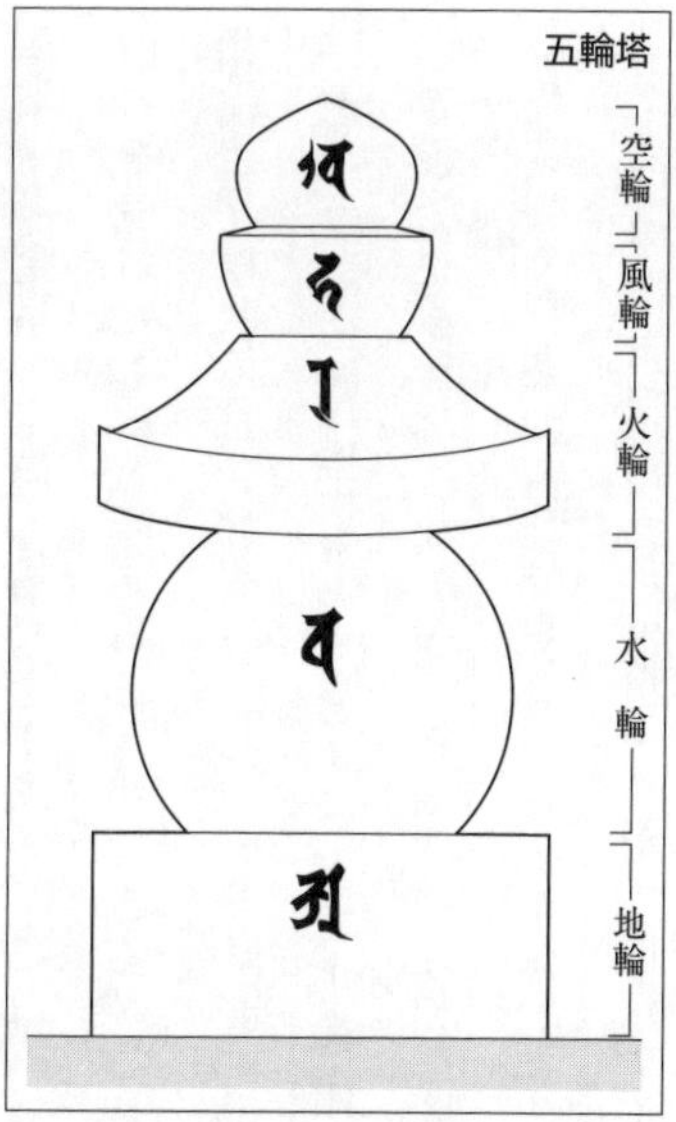
五輪塔
空輪
風輪
火輪
水輪
地輪

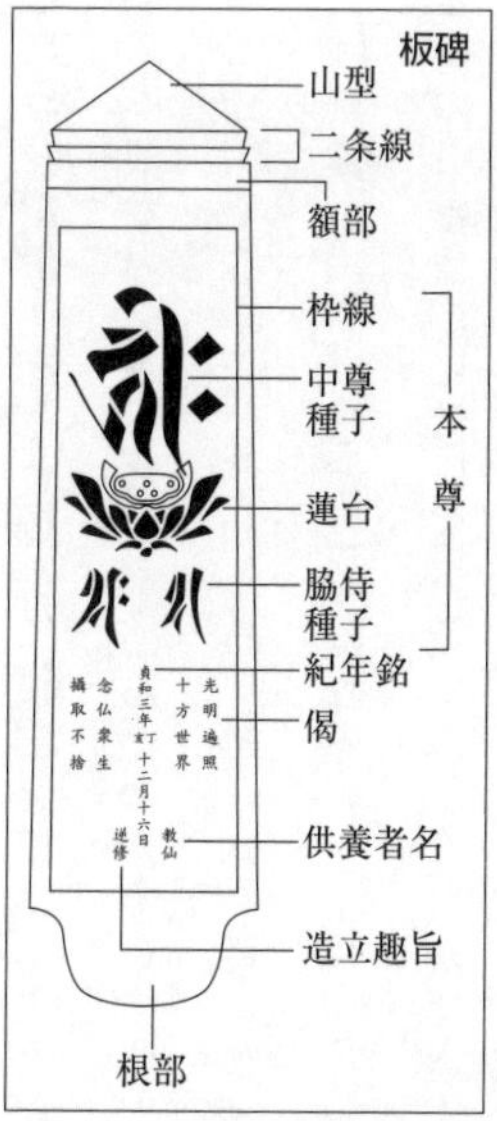
板碑
山型
二条線
額部
枠線
中尊種子
蓮台
脇侍種子
本尊
紀年銘
偈
供養者名
造立趣旨
根部
光明遍照
十方世界
念仏衆生
摂取不捨
貞和三年丁亥十二月十六日
教仙
逆修

塔《とう》や板碑・宝篋印塔《ほうきょういんとう》などが石で多数つくられている。また形態も宝塔《ほうとう》・宝篋印塔・五輪塔・板碑などと呼ばれる種々のものがあった。

それらを分類する場合、一般には一つひとつの塔の形を例示して、この塔はこういう特徴、これはこうした形、などと順番に説明していくことが多いが、私はそうではなく、塔の本質からグルーピングするとわかりやすいと考えている。すると、ほぼ三つに分類できることがわかる。第一は層塔《そう》・多宝塔《たほう》・宝篋印塔のグループ、第二は無縫塔《むほう》・卵塔《らん》などと呼ばれるグループ、そして第三は五輪塔・板碑のグループ。この三つに分けて考えてみることができよう。

第一のグループは、層塔・多宝塔・宝篋印塔などである。これらはいわば仏教本来のストゥーパの流れを受けたものと考えることができる。これらの塔の特徴は、塔の一番上の相輪《そうりん》と呼ばれる部分にあり、これが塔の形の本質を示すものだと考えられよう。なぜなら相輪は、もともとインドで土饅頭《どまんじゅう》状の塔の上に立てた笠が変化した造形だと考えられるからである。こうした塔には本来、仏陀《ぶっだ》(釈迦)の遺骨である仏舎利や釈迦の言葉である経典《きょうてん》・陀羅尼《だらに》(これらを法舎《ほうしゃ》利《り》と呼ぶ)がおさめられるものであった。これらのことが、仏教がインドから

●—**大雁塔**《だいがんとう》(中国・西安《せいあん》)　7世紀半ば，玄奘三蔵《げんじょうさんぞう》がインドから持ち帰った経典をおさめるために立てられた煉瓦《れんが》づくりの塔。高さは64m。

●—**サンチーの仏塔**(インド中部)　丘の上に立つ紀元前3世紀にアショカ王が築いたとされる半円球状の塔。その後，紀元前2世紀にもとの塔を石で覆ったとされる。高さは16.5m。

●—**石塔寺**《いしどうじ》**層塔**(滋賀県東近江市)　現存する日本最古の石塔の一つ。花崗岩でつくられ高さ7.5m，奈良時代前期以前の作とされる。百済からの渡来人《とらいじん》の造立で故国の石塔にフォルムがよくにているといわれるが，細部は簡略である。相輪は後補で，周辺の小塔は中・近世のものである。

●—**定林寺址層塔**(韓国・扶余《ふよ》)　百済《くだら》の古都に立つ高さ8.3mの花崗岩の塔。初層には，660年に百済を滅ぼした唐《とう》の指揮官の功績が追刻されている。

シルクロード、中国をへて日本に伝わってくるなかで、土の塔から木・石の塔になっても変わることなく伝わってきたありようだったといってよいのである。

ところで最近、宝篋印塔が注目を集めている。この塔は、馬の耳のような隅《すみ》飾《かざり》と段々でつくられる基礎や屋根の特異な形で知られ、立体的な中世の石塔としては、五輪塔とともに代表的な存在である。この塔は従来は中国の呉越王銭《ごえつおうせん》弘俶《こうしゅく》▲がつくって各地に伝わった金属製の塔の形がもとになって日本でつくりはじめられた、とされていたが、吉河功や山川均らによって、実はむしろ中国ですでに石塔としてつくられたものが、日本に伝わったのだという説が唱えられたのである。吉河以前にも宝篋印塔のもとの石塔形式は中国にあったのではないか、と考える研究者はいたが、なかなか実証はできなかった。しかし、吉河が中国で石塔としての宝篋印塔をいくつも確認したところから研究は急進展し、山川らによる何度もの現地調査で、宝篋印塔の形式が十一世紀から十二世紀にかけて中国南部の福建省泉州《ふっけんしょうせんしゅう》を中心としたきわめて狭い範囲でつくられた、ということが明らかになったのである。そして、日本への伝播は、それを受けて十三世紀前半であろう、という。

▼**銭弘俶**　中国の五代十国《ごだいじっこく》の一つ、呉越国の王。九四八年に即位し、九七八年に宋に降伏する。在位中、八万四〇〇〇基の金属製の小塔を造立し、それが宝篋印塔の原型となったとされる。

●京都市栂尾《とがのお》高山寺《こうざんじ》宝篋印塔　無銘だが十三世紀造立の、現存最古の宝篋印塔とされる。

●鎌倉市安養院宝篋印塔　徳治《とくじ》三（一三〇八）年銘の典型的な関東形式の宝篋印塔。

●中国福建省泉州の宝篋印塔、天中万寿塔

●中国福建省泉州の宝篋印塔、開元寺西塔

このことは、つぎにみる無縫塔とも関連して注目できるのだが、それはともかく、私は宝篋印塔の形式の伝播がはたして一回切りだったといえるのかどうかに深い関心をいだいている。前近代における中国と日本との交流は、従来の理解をはるかに超える深まりがあった。だとすれば、宝篋印塔の形式の伝播も、なにも一回切りで説明せずとも、複数の伝播、何波にもわたる伝播があったとしてもよいのではないかと思うのである。それがあってこそ、文化の交流といえるのであろう。いずれにしても、今後の調査と議論の進展に、期待するところは大きい。

第二の無縫塔・卵塔は、ストゥーパと違い、相輪をもたない、卵型の石塔である。これは当初から墓の標識として立てられることが特徴で、日本には、鎌《かま》倉《くら》時代に禅宗《ぜんしゅう》がはいってくるのにともなってもたらされた塔である。この塔の形式も、前にみた宝篋印塔と同様に、やはり中国の南部、寧波《ニンポー》を中心にした地域で僧侶の墓として盛んにつくられていたようである。禅宗では、優れた僧が寺を開き、なくなると、弟子たちがその僧の墓を守り教えを継いでいく拠点として、塔頭《たっちゅう》をつくるという形で寺が発展していく。その塔頭の中心に位置する

●──泉福寺《せんぷくじ》無縫塔(大分県国東《くにさき》市)　泉福寺は曹洞宗《そうとうしゅう》の無《む》著妙融《ちゃくみょうゆう》が開山で，その没後の応永《おうえい》元(1394)年に弟子たちが開山堂を建立した。現在の堂は江戸時代の再建だが，そのなかに室町期の彫刻の頂相《ちんぞう》が安置され，その壇の下に高さ101cmの無縫塔が立つ。無著和尚の墓塔であろう。頂相と墓塔がセットになった好例といえる。下は無縫塔の部分。

塔のほとんどが無縫塔なのである。この塔は、その後あまり宗派にこだわらず、寺の住職の墓塔に多く用いられるようになっていく。寺院の歴代の墓を訪ねれば、こうした塔を容易にみることができる。

そして第三のグループが五輪塔・板碑である。これらにも相輪はない。五輪塔は下から順に地輪《ち》、水輪《すい》、火輪《か》、風輪《ふう》、空輪《くう》となるが、その五つの石（もっとも実際の五輪塔では、風輪と空輪とは一石でつくられることが多いから、四つの石で構成されることがほとんどである）のそれぞれの部分に意味があり、密教《みっきょう》的世界観につながっていると説明されている。しかも、この塔は日本にしかないという大きな特徴を有し、明らかに第一のグループとは異なっているといってよい。

また板碑は五輪塔を親として発生したとされ、関東地方だけでも約四万基はあるといわれるほどで、石塔のなかでもっとも多い塔形である。五輪塔をつくるとき、仏像を彫りつけたり、造立《ぞうりゅう》趣旨や紀年《きねん》銘を彫ろうとすると、どうしても平面が狭くスペース上不適当となる。そこで多少の工夫もされるようになる。たとえば、一番下の地輪の部分を長く引き伸ばして長足《ながあし》五輪といわれる形式の塔にしたり、五輪塔全体を平面の板状のものにしたり、という工夫である。そこでえられた平面に銘文などを書いていこうというわけである。

つまり、このグループの塔は日本の密教の教えのなかで形成されてきたのである。日本の密教は、民俗的習俗・行事と仏教とが結びついて、そのなかで形づくられたものであるといえようが、その過程でできたものの一つが五輪塔であるということになろうか。

五輪塔の発生については、一応つぎのように説明されることが多い。すなわち、新義真言宗《しんぎしんごんしゅう》の覚鑁《かくばん》▲の書いた「五輪九字秘釈《ひしゃく》」には、五輪塔の基本になる図形についての考えがでてくるが、これに代表されるような密教的な教義に基づいて大日如来《だいにちにょらい》の三昧耶形《さんまや》(仏を象徴するもの)としてつくられた塔が五輪塔であるというのである。こうして、五輪塔が石塔としてつくられるようになってきた、というのが通説の立場である。そして五輪塔の史料上の初見として『兵範記《へいはんき》』▲の仁安《にんあん》二(一一六七)年七月二十七日条をあげ、石造五輪塔の最古の遺品として岩手県平泉中尊寺釈尊院《ひらいずみちゅうそんじしゃくそんいん》の仁安四(一一六九)年銘五輪塔をあげるのが通説である。覚鑁の生年は一〇九五(嘉保《かほう》二)年で、没年は一一四三(康治《こうじ》二)年だから、

▼**覚鑁**　平安後期の僧侶で、新義真言宗の開祖《かいそ》。高野山《こうやさん》で学び、のち、鳥羽《とば》上皇《じょうこう》の御幸《ごこう》をあおぎ、高野山上に院御願寺大伝法院《いんのごがんじだいでんぽういん》を完成し、金剛峯寺《こんごうぶじ》の座主《ざす》とされた。だが高野山の衆徒《しゅと》らにねたまれ、根来《ねごろ》に移った。

▼**『兵範記』**　平安末期の兵部《ひょうぶ》卿《きょう》・平信範《たいらののぶのり》の日記。「へいはんき」「ひょうはんき」と読み、記主の名から「人車記《じんしゃき》」「平信記《へいしんき》」ともいう。記事は詳細で、保元《ほうげん》の乱《らん》をはじめ、当時の京都の政治情勢などを知るうえで貴重な史料である。

●──**高野山町石《ちょういし》**　高野山には，麓《ふもと》の慈尊院から壇上までの180町に180本の町石が立つ。左は文永８(1271)年の銘をもつ163町の，右は文永９(1272)年の銘をもつ180町のもので，長足五輪の一例である。

●──**東大寺三角五輪塔**

●──**中尊寺釈尊院五輪塔**　高さ158cm，凝灰岩。

仁安年間(一一六六〜六九)が五輪塔の初見だとすれば、覚鑁創始説は十分成立する。

だが、この説明に対しては、たとえば美術史の分野から石田尚豊は、『日本美術史論集』のなかで通説に疑問を呈し、鎌倉時代初めの重源《ちょうげん》の関係遺品に多い三角五輪塔に注目して、その源流が中国の宋《そう》代にあるとの説を提唱している。また、黒田昇義は、『醍醐寺新要録《だいごじしんようろく》』の記事から、一六〇六(慶長《けいちょう》十一)年に一〇八五(応徳《おうとく》二)年の製作とみなされる五輪塔が出土していることを指摘している(藪田嘉一郎編『五輪塔の起原』)。とすると、これは覚鑁出生以前のことだから、五輪塔の覚鑁創始を唱える通説は成り立ちえないことになろう。そうであれば、覚鑁は五輪塔の創始者ではなくて、むしろ前からあった塔形に密教的な理論付けをしたと理解すべきなのかもしれない。

中世石塔の発生

たしかに、もし五輪塔の創始を覚鑁に求めると、とても理解しにくいことがあることに気づく。それは、現在知られている古い五輪塔、すなわち最古の平泉中尊寺釈尊院五輪塔にしても、第二位とされる大分県臼杵《うすき》市中尾《なかお》の五輪塔にしても、真言宗の影響下にあるというよりは、天台《てんだい》系の影響の強い地域でつくられていると考えたほうがわかりやすい。こうして、現在のところ五輪塔の起源についての定説はないと考えたほうがよさそうで、教学《きょうがく》にかかわる文献からの理解も重要だが、地域に残る五輪塔の実例から考えなおすことも、一層重要になっているというべきなのである。

このように、五輪塔の発生についての議論はまだ決着がついていない。しかし、つぎのことは明らかである。それは、平安《へいあん》時代後期という時代、興味深いことには、五輪塔に限らず層塔以外のすべての石塔がこのころに初見をみているということである。宝塔も宝篋印塔も、笠塔婆も板碑も、いずれも平安時代後期から鎌倉時代初期にかけての時期に初見をみる。とすると、これは五輪塔だけで考えるべき問題ではない。おそらくそれは平安時代の小塔供養《くよう》の盛行と切り離しては考えられないだろう。平安時代の後半は末法《まっぽう》思想▲が広く信じられ、それにつれて貴族たちを中心に小塔供養が盛んに行われていた。ちょうど藤《ふじ》原《わら》道長《みちなが》の時代、藤原実資《さねすけ》が『小右記《しょうゆうき》』▲という詳しい日記を書き残しているが、

▼**末法思想**　釈迦の入滅後、仏法は正法《しょうぼう》、像法《ぞうぼう》の時期をへて行《ぎょう》・証《しょう》ともに失われる末法のときがくるとされ、日本では一〇五二(永承《えいしょう》七)年に末法にはいるという説が信じられた。そのため十世紀ごろから末法の世で救われるためには、念仏《ねんぶつ》を唱えて阿弥陀如来にすがるしかないとする浄土教《じょうどきょう》が盛んになった。

▼**『小右記』**　右大臣《うだいじん》藤原実資の日記。実資は後小野宮《のちおののみや》と称し、右大臣であったことから「小右記」という。内容は朝廷の政務・儀式を中心とするが、私的な感慨や生活のようすもしばしば述べられ、記事は詳細である。

そのなかに毎月一日ごとに石塔供養をするという記事がある。それがどういう石塔であるかはわからないが、非常にたくさんの数であること、しかも毎月続けられていることなどからすると、五輪塔などではなさそうである。あるいは、賽《さい》の河原《かわら》の石積みのように、小石を積んで塔をつくるという方法、それを石塔供養・小塔供養と呼んだのではないか、とも思われる。つまり、塔をつくって残すことよりも、塔をつくることそのものに意味があったという考えによっていたのではなかろうかと思われるのである。こうした考えは、「乃至童子戯聚沙為仏塔　如是諸人等　皆已成仏道」（子どもが戯れに砂で塔をつくれば、それはすでに仏道を成就《じょうじゅ》した行いである）という法華経方便品《ほけきょうほうべんぽん》▲などの教えからすれば、十分ありうることといってよい。

　こうした小塔供養の風潮が背景にあって、五輪塔などの石塔の造立が平安時代末に盛んに行われるようになるのだろうと考えられるのである。そしてちょうどそのころ、末法思想にともなって阿弥陀如来《あみだにょらい》にすがって西方浄土《さいほうじょうど》に往生しようと願う浄土教も発展しつつあった。そのなかで、大日《だいにち》如来と阿弥陀如来とは同体であるという考え方も強くなり、そこから、五輪塔が密教だけでなく

▼**法華経方便品**　最澄《さいちょう》が法華経を所依《しょい》の経典として天台宗を開創して以来、法華経は天台宗の中心の経典とされた。そして鎌倉時代に日蓮《にちれん》があらわれて法華経への純粋な信仰を主張し、「南無妙法蓮華経《なむみょうほうれんげきょう》」の題目《だいもく》を唱えることを勧めた。方便品は、法華経全二七（または二八）章のうち第二章で、法華経のうちでもっとも早く成立した部分であるとされる。

浄土教の信者にも受け入れられていく道が開け、十二世紀から十三世紀になると、全国各地で多数の石塔がみられるようになっていく。

ところで、五輪塔が発生するより少し前、石塔の歴史に大きな変化が生じつつあった。その変化は日本の浄土教を大成した『往生要集《おうじょうようしゅう》』の著者として知られる源信《げんしん》の撰になる『横川首楞厳院二十五三昧起請《よかわしゅりょうごんいんにじゅうござんまいきしょう》』をみるとよくわかる。源信が九八八（永延《えいえん》二）年に彼をリーダーとする念仏《ねんぶつ》の結社、二十五三昧会《え》の規則としてつくったこの起請の第十条には「兼ねて勝地《しょうち》▲を占い、安養廟《あんにょうびょう》と名づけて卒都婆一基を建立し、はた、一結の墓所となすべき事」を定めている。すなわち、勝地を選び、土公神《どこうしん》から土地を受け取り、そして一基の卒塔婆を中心に一《いっ》結衆《けちしゅう》▲の墓所を設ける、これが源信の考えたあるべき墓所像なのである。この卒塔婆は、木か石か文章の上でははっきりしないが、多分石塔だろう。なぜなら、源信の師にあたる天台座主《ざす》良源《りょうげん》▲の遺告《ゆいこく》（『平安遺文《へいあんいぶん》』三〇五）のなかには墓地はみずから勝地を定めておくことを述べたのち、その墓所に石卒塔婆を立てることを命じている文がある。卒塔婆は生前に準備するが、もしまにあわないときは、かりの卒塔婆を立て、四十九日のうちに立てかえること、そしてその石

▼**勝地**　優れた場所。宗教的に聖なる場所の意味で用いられることが多いが、それはしばしば風景が優れた場所でもある。

▼**一結衆**　ある目的のために集まった集団のメンバーを、一結衆、または単に結衆といい、時として集団そのものをいう場合もある。

▼**良源**　慈恵大師《じえだいし》。正月三日に没したので、元三《がんさん》大師とも呼ばれる。天台座主だった良源は、九七二（天禄《てんろく》三）年に病におかされて遺告を書き、没後の堂舎《どうしゃ》・所領《しょりょう》の処分や葬送の方法、石塔の造立などを定めた。その後回復し、一三年後の九八五（永観《えいかん》三）年正月三日、横川で没した。

●——角大師《つのだいし》　滋賀県大津市坂本《さかもと》の西教寺《さいきょうじ》発行のお札。角大師は、慈恵大師良源の姿をあらわした魔除けの札で、天台宗の寺院から広く頒布されている。良源はさまざまに不思議なことをして、民俗的な信仰対象ともなった。

卒塔婆は、弟子たちの「時々来礼之標示也」、つまり墓参りのための標識だ、というのである。この良源の考えが、彼の弟子源信にも引き継がれていることはまちがいない。とすれば、彼をリーダーとする一結衆の墓所には、木＝かりの卒塔婆、石＝本来の卒塔婆として、当然石卒塔婆、それも多分、層塔が立っていたであろう。

とすると、石塔は、この時点を契機として、仏舎利を奉納する施設で仏を象徴する信仰対象であったものから、墓塔としても用いられるようになってきていることが理解できよう。もちろん、石塔を造立する功徳《くどく》と、その地下に骨を埋められることによる結縁《けちえん》によって、極楽往生《ごくらくおうじょう》したいと願ってのことである。

板碑の発生へ

このようにして、板碑の発生の準備がととのった。そのころ、政治の中心に変化が生じていた。京都とともに、東国《とうごく》の鎌倉がもう一つの政治の中心になってきたのである。つまり鎌倉幕府《ばくふ》の創始である。その幕府を支えたのは、武蔵《むさし》や相模《さがみ》などの御家人《ごけにん》を中心とする東国の武士たちであった。そうした武士たちのなかには、たとえば熊谷直実《くまがいなおざね》▲のように、著名な浄土教の信者も多くいた。彼らは、寺を建て、仏像をつくり、そして石塔を立てた。その石塔にするのに最適な石材の一つがいわゆる青石《あおいし》、緑泥片岩《りょくでいへんがん》であり、それをえられる場所が、彼らの住まう地域に近いところにあったのである。それが埼玉県西部の秩父《ちちぶ》地方であった。

武蔵型板碑の発生の経緯を素描するとすれば、このようになろうか。

このようにして十三世紀の前半に武蔵で発生した板碑は、その後、十三世紀の末から十四世紀の初めにかけて北海道から薩南《さつなん》の硫黄島《いおうじま》まで各地でつくられるようになっていく。各地では、その土地に近いところでえられる石材を用いることになる。たとえば青森県では、輝石安山岩《きせきあんざんがん》を用い、宮城県では井内石《いないいし》と呼ばれる粘板岩《ねんばんがん》が用いられてたくさんの板碑が立てられている。また関東でも、茨城県や千葉県では筑波山《つくばさん》からとれる黒雲母片岩《くろうんもへんがん》を用いて板碑がつくられることも多い。瀬戸内海沿岸などでは、花崗岩《かこうがん》が板碑の素材になることもある。

こうしたそれぞれの石材の性質の違いによって、成形する技術にも違いがあることになろう。その違いによって、各地の板碑には形の違いができてくる。

▼**熊谷直実**　源頼朝《みなもとのよりとも》の挙兵時には平家《へいけ》方だったが、のち頼朝に従い、佐竹《さたけ》追討時の戦功で一族に押領《おうりょう》されていた熊谷郷を安堵《あんど》された。その後も平家追討の戦いで活躍したが、所領争いに敗れたことから出家し、法然の弟子となり、蓮生《れんしょう》と号した。のち、往生を予告してそのとおりに高声《こうしょう》念仏して往生をとげたという。

●—青森県弘前《ひろさき》市中別所《なかべっしょ》の板碑　正応《しょうおう》元（一二八八）年銘、金剛界大日種子、高さ一七三センチ。

●—鹿児島県三島《みしま》村硫黄島の板碑　天授《てんじゅ》二（一三七六）年銘。

板状にはしにくい輝石安山岩を用いたり、花崗岩を用いているところでは板碑と呼ぶのはどうかと思うような石柱《せきちゅう》状の板碑がつくられ、かたい川原石《かわらいし》を用いることが多い新潟や福島では、丸っこいずんぐりした板碑がつくられている。

でも、そのように石材によって形は違っても、それにきざまれた内容をみると、たとえば梵字で仏をあらわしたり、紀年銘と造立趣旨がきざまれるなど、武蔵型板碑とほとんど同じものが多いことに気づかされる。つまり、板碑にきざまれている内容に「決まりごと」があるのである。一つは、梵字で書かれたり、図像であらわされた仏さまが必ずきざまれていること。この梵字とは、古代インドのサンスクリットの文字で、たとえば「キリーク」という梵字は阿弥陀如来、「バン」という梵字は金剛界《こんごうかい》大日如来、「ア」という梵字は胎蔵界《たいぞうかい》大日如来をさす、などというものである。二つ目には、これが板碑というものの資料的価値にとってきわめて重要なことなのだが、ほとんどの板碑にその板碑が造立されたと思われる年月日がきざまれていること。これを私たちは「紀年銘」と呼んでいる。そして三つ目が、この板碑はなんのために立てられたのかを記す「造立趣旨」といわれる文章がきざまれていることである。もっとも、この「造立趣旨」は必ずしも全部の板碑にあるわけではない。ただ、東北地方の板碑には割合これが多い、といわれており、それも東北地方の板碑が注目されている理由なのである。

このような三つの「決まりごと」に関しては、川原石の板碑もまったく変わるところはないのである。とすれば、それらを関東地方の板碑と区別することはないということになろう。いわば、武蔵型板碑とその形は違っても、その造立の心は同じ、というべきであろうか。

このような立場で、本書では必ずしも板状の板碑でなくても、私は板碑と呼んで仲間として扱うことにする。

板碑とその特質

板碑の本場は関東地方である。日本で最古とされる板碑も、埼玉県熊谷《くまがや》市(旧江南《こうなん》町)にある一二二七(嘉禄《かろく》三)年のものである。また数も多く、現在までに約四万基が知られ、そのほとんどは秩父地方産の青石(緑泥片岩)でつくられ、薄く板状にはがれやすく加工もしやすい、という石材の特色を生かし、頭部を三角形とし、二条線《にじょうせん》と呼ばれる二本の溝状の線をきざみ、梵字や画像で主尊の仏を表現するなど、形態的に優れ色も美しいものが多く、そのため、江戸時代から文人などに好まれてきた。板碑という名称もこの関東地方の板碑（武蔵型板碑、青石塔婆などとも呼ばれる）にもっともふさわしいものだといえる。

ではつぎに、代表的な板碑のいくつかを具体的に紹介し、検討してみよう。

⑴埼玉県熊谷市（旧江南町）　嘉禄の板碑（最古の板碑）

（観音《かんのん》菩薩《ぼさつ》立像《りゅうぞう》）　諸教所讃
多在弥陀
（一二二七）嘉禄三□□月　大才二十　丁亥二日
故以西方
（阿弥陀如来座像）
（勢至《せいし》菩薩立像）　而為一准

この板碑が紀年銘のうえから日本最古とされる板碑である。半肉《はんにく》彫りの阿弥陀三尊像に、『摩訶止観《まかしかん》』▲を出典とする、阿弥陀如来をたたえた偈《げ》がきざまれている。したがって明らかに浄土教信者が造立したものだが、造立者の名前や造立の趣旨は彫られておらず、月日も不明である。

なお、この板碑は上部が欠けていて主尊の阿弥陀如来が立像なのか座像なの

▼『摩訶止観』　中国の天台大師智顗《ちぎ》が止観の思想について講じた著。摩訶とは大、止観は坐禅《ざぜん》のことをいう。

●—埼玉県熊谷市(旧江南町)、嘉禄の板碑　高さ一四三センチ。

●—東京都東村山市、徳蔵寺「元弘の板碑」　高さ二一〇センチ。

●—埼玉県吉見町丸貫「おねんぼうさま」　高さ二三〇センチ。

●「おねんぼうさま」の現状

かはっきりとしなかった。というより、大方は脇侍《わきじ》と同じく立像なのだろうと安直に考える向きが多く、それにあまり疑問がだされなかったのである。しかし肥留間博と有元修一による欠け落ちた破片の精査によって、この主尊は座像だったことが判明したのである。

(2)埼玉県吉見《よしみ》町丸貫《まるぬき》　路傍の板碑

（梵字・阿弥陀）（阿弥陀如来立像）

右所造立者為阿仏《あぶつ》幷妻女
現世《げんぜ》平生朝待万善修行芳
文永《ぶんえい》拾二年（一二七五）乙亥中春時正
千年松竹本臨終《りんじゅう》閉眼夕拝
三尊来迎《らいごう》月紫雲十念時也

これも、阿弥陀如来の画像がきざまれた板碑だが、上部には梵字で阿弥陀如来の種子《しゅじ》がきざまれている。地元では「おねんぼうさま」の名で呼ばれ、またイボとりに霊験《れいげん》がある、とのことだった。銘文は、読めないところがいくつもあり、必ずしも全文の意味をとりがたい。だが読めたところから推測していけば、これは追善《ついぜん》の板碑ではなく、阿仏夫妻が現世の平生を祈り、臨終に際してひたすら極楽往生の証としての阿弥陀三尊の来迎を待つ、といった意味だろうことは推測がつく。いわば、逆修《ぎゃくしゅ》の板碑ということになろう。

なお私ごとだが、大学一年のときにはじめて板碑調査に参加した際、最初に割りあてられた地区の一つが吉見町だった。そして高さ二メートルを超えるこの大板碑をみて、正直とても面くらったものであった。当時は国鉄の駅前の自転車屋で古い自転車を借りて調査するのが普通だった。そこで、この自転車を板碑の側に移し、その荷台に立ってこの板碑の拓本をとったのである。疲れるけれど楽しい、これが私の板碑調査の、最初の印象だった。

＊なお、この板碑の現況について、野口達郎・伊藤宏之両氏のご教示を得た。

(3)東京都 東村山市《ひがしむらやま》　徳蔵寺《とくぞうじ》の板碑

（光明《こうみょう》真言五行）　飽間《あきま》斎藤三郎藤原盛貞《もりさだ》生年廿六

武州府中《ぶしゅうふちゅう》五月十五日令打死　　勧進玖阿弥陀仏

（上部欠損）　元弘《げんこう》三年（一三三三）癸酉五月十五日敬白

同孫七家行《いえゆき》廿三同死飽間孫三郎　執筆遍阿弥陀仏

宗長《むねなが》卅五於相州村岡《そうしゅうむらおか》十八日討死

鎌倉幕府を攻め滅ぼした上野(現在の群馬県)の新田義貞《にったよしさだ》軍に加わった飽間斎藤氏▲の戦死者を供養した板碑で、惣領《そうりょう》の盛貞と家行とが武蔵府中で、宗長がその数日後に相模村岡の合戦で戦死したことを詳細に記述しており、いわば「石にきざまれた軍忠状《ぐんちゅうじょう》」ともいえる板碑である。

なお、この板碑は、江戸時代には徳蔵寺の近くの丘陵の「将軍塚《しょうぐんづか》」と呼ばれる辺りにあったとされる。

(4)埼玉県入間《いるま》市　円照寺《えんしょうじ》の板碑

乾坤無卓孤筇地
(梵字・明王)　只喜人空法亦空
(梵字・胎蔵界大日)　元弘三年癸酉五月廿二日　道峯禅門
(梵字・阿弥陀)　弥重大元三尺剣
電光影裏析春風

鎌倉幕府側の、北条《ほうじょう》氏の御内人《みうちびと》の一人、加治家貞《かじいえさだ》▲(法名道峯《どうほう》)が幕府の滅亡に殉じ、それを供養した板碑である。偈《げ》は鎌倉円覚寺《えんがくじ》の開山《かいさん》である無学祖元《むがくそげん》▲が中国にいたころ、元の兵隊にまさに斬首されそうになったときに吐いたいわゆ

▼**飽間斎藤氏**　上野(現在の群馬県)安中《あんなか》辺りの土豪かと思われるが、他の史料が乏しい。この合《かっ》戦《せん》のときは新田義貞の軍勢に属していたものと考えられる。

▼**加治家貞**　加治氏は武蔵七党のうちの丹党《たんとう》の出で、もと安達《あだち》氏に従っていたが鎌倉時代末には北条氏の家臣《かしん》、御内人になっていた。家貞は小手《こて》指原《さしがはら》の合戦では新田義貞の軍勢を迎え撃つ幕府軍の副将として『太平記《たいへいき》』にみえる。

▼**無学祖元**　鎌倉中期に宋から渡来した臨済《りんざい》宗の僧。鎌倉円覚寺の開山となる。温州《おんしゅう》(浙江《せっこう》省)の能《のう》仁寺《にんじ》に住していたとき、モンゴル兵が寺に侵入し白刃をかざして迫ったが、無学は泰然として、臨刃偈を吐いたという。

る「臨刃偈《りんじんげ》」である。意味は、「天地のあいだに一本の杖を立てるところもない。だが人は空にして法もまた空である。元の兵隊が私の首を切ったとしても、それはただ春風を切りさくにすぎない」というもので、これは実は晋《しん》の僧が首を切られるときに吐いた偈の改作だとされる。家貞も、当時の禅の臨終の作法に則って、祖元の偈を引いてみずからの遺偈《ゆいげ》としたのであろう。

(5)東京都多摩《たま》市　吉祥院《きっしょういん》の板碑

（梵字・観音菩薩）　妙金《みょうきん》　十一月

（梵字・阿弥陀如来）　正長《しょうちょう》元年（一四二八）　廿一日

（梵字・勢至菩薩）　禅尼《ぜんに》

この板碑は、いわばどこにでもあるようなあまり変哲のないものである。十五世紀になると、この板碑のように偈や造立銘はなく、ただ法名だけがきざまれている板碑が多くなり、これらは、「妙金禅尼」の追善供養の板碑であろうと考えられる。いわば、供養塔であった板碑が、墓碑・墓標のようにつくられて

●—埼玉県入間市、円照寺「元弘の板碑」 高さ一六七センチ。

●—東京都多摩市、吉祥院「正長の板碑」 高さ四八センチ。

●—東京都八王子市、龍源寺「月待板碑」 高さ一一六センチ。

くるわけである。しかも男性であれば「禅門《ぜんもん》」という法名がきざまれるが、私が統計をとって調べたところでは、「禅尼」ときざまれた板碑は、「禅門」ときざまれた板碑とほぼ同数かやや上回るという興味深い結論がでた。

⑹東京都八王子市《はちおうじ》 龍源寺《りゅうげんじ》の板碑

（梵字・観音菩薩） 面善円浄如満月　威光猶如千日月

月待《つきまち》人数廿三人敬白

（梵字・阿弥陀如来） 文安《ぶんあん》五年（一四四八）八月二十三日

谷慈《やじ》郷代屋村住人

（梵字・勢至菩薩） 声如天鼓倶翅羅　故我頂礼弥陀尊

十五世紀の半ば以降、農村の祭りとしての「月待」を記念した板碑が立てられるようになる。「月待」とは、旧暦の二十三日（下弦《かげん》の月の夜）に遅い時間の月の出を待ち、祈願する習俗である。夜遅くまで集団で月の出を待ち、ともに遊び、また村の運営について話す、いわば「寄合《よりあい》」の場であっただろう。そこでの祈りは、極楽往生の願いだけではなく、作物の実りを願う現世利益《げんぜりやく》の祈りでもあったと考えられる。これは谷慈郷代屋村という農村の住人二三人が、村の祭りとして月待をして祈願したことを示す板碑である。

これまでにみた、人びとの極楽往生を願う祈りとの違いは、明瞭である。しかも、板碑造立者の階層にも変化がみてとれるというべきだろう。この十五世紀半ばという時期が、私は板碑造立のうえで一番大きな変化の時期だと考えているのである。

以上六つの資料をみてきた。それらからつぎのようにまとめることができよう。日本中世の代表的石造物である板碑は、まず第一に、極楽往生を願って造立されたものが多い。そして第二に、十四世紀段階まではほぼ武士・土豪《どごう》の階層に属する者が造立してきたが、十五世紀にはいると、農民たちも造立していることが知られる。さらに第三としては、追善供養される対象は男性ばかりではなく、女性を対象としたものがむしろ多かったといえる。

このように、板碑について概観してきたが、この結果は他の石塔と比べてみるとどうなるのであろうか。板碑以外の中世の石塔の代表格は五輪塔と宝篋印塔である。五輪塔の発生ははっきりとはしないが、その初見は一一六九(仁安四)年であった。また宝篋印塔も、説はまだ一定していないが、十三世紀の前半に初見をみるということはほぼ確実といえよう。そしてその他の石塔でみても、笠塔婆の初見が一一七五(安元《あんげん》元)年とされる。

これに板碑の初見の一二二七年を加えて考えると、一二〇〇年前後の約六〇〜七〇年間が、中世石塔の発生の時期であることがわかる。この時期が、平安時代の末から鎌倉時代の初めにかけての大きな社会的変動の時期であったことを思えば、中世石塔の発生が、そうした社会の変動と深い関係を有していたことは確実といわねばなるまい。

また、十五世紀半ばに板碑では一番大きな性格の変化があったと述べたが、それは五輪塔などの他の石塔でもいえることである。かつて藤沢典彦は畿内《きない》の惣墓《そうばか》▲などの石塔の調査から、十五世紀初頭に一石五輪塔などの小型の石塔が大量に発生することを明らかにした。これは、武蔵型板碑でみられた、偈や造立銘がなく、ただ法名だけがきざまれている板碑が多くなる、ということと共通する事態であるといえよう。

いわば、武士たちを中心とする支配層の人間による石塔の造立から、農村の

▼**惣墓**　大和《やまと》・和泉《いずみ》などに多く、今も使われている。一族の墓ではなく、地縁的結合によって形成されるもので、多くは中心に惣供養塔と呼ばれる大きな石塔が立ち、そのまわりを小さな石塔墓が取りまく景観を形成している。

名もない農民や町の商人などの造立へと移っていったというような変化があったことを如実に示していると考えられるのである。

③—板碑の履歴書

幕府に届けられた板碑出土の情報

一八〇一(享和元《きょうわ》)年十一月のこと、武蔵国《むさしのくに》多摩《たま》郡府中《ふちゅう》宿本町《しゅくほんまち》(現在の東京都府中市宮西《みやにし》)の称名寺《しょうみょうじ》という時宗《じしゅう》の寺で、二基の青石《あおいし》の板碑《いたび》が発掘された。一基には「嘉暦《かりゃく》四(一三二九)年」という鎌倉《かまくら》時代の年号、もう一基には「応永《おうえい》一四月廿日」という南北朝《なんぼくちょう》合一直後のころの年号がきざまれていた。

『巷街贅説《こうがいぜいせつ》』▲(『続日本随筆大成』別巻九)という記録の伝えるところによれば、これは境内《けいだい》の藪《やぶ》を切り開こうとして笹の根を掘り起こしていたときの発見だったが、このことはやがて村役人から代官《だいかん》に届けられ、翌年二月には石摺《いしずり》(拓本《たくほん》のこと)をそえて代官から老中《ろうじゅう》にまで伺いがたてられる騒ぎとなってしまった。

そのわけは、嘉暦の板碑は「何人《なんぴと》の墓印に候かあい知れ」ないが、もう一基の応永の板碑に「徳阿弥親氏《とくあみちかうじ》、世良田氏《せらたし》」という銘がきざまれていたためだったのである。

徳阿弥親氏という人は、新田《にった》氏の一族・世良田氏の出で、南北朝の戦乱に敗

▼『巷街贅説』 塵哉翁の編で、幕末《ばくまつ》の江戸で語られた話などが集められた書。

●—東京都府中市、称名寺「徳阿弥板碑」 高さ八五センチ。

れ、足利《あしかが》氏に追われて時宗の僧となって諸国を放浪し、三河《みかわ》国松平《まつだいら》郷（現在の愛知県豊田市）に住みついた徳川家康《とくがわいえやす》の先祖と伝えられている。つまり、もしこの銘文《めいぶん》を信じれば、この板碑は将軍のご先祖さまの「墓印」だということになってしまうのである。そこで、寺から相談された村役人も代官も、すてておくこともできず、幕府《ばくふ》に伺いをたてることになったのである。

この板碑はしかし、たぶん「徳阿弥親氏」の墓印ではない。なぜなら、紀年銘《きねんめい》の彫り方が、その場所といい、書き様といい、異例にすぎるからである。「応永十四年」（一四〇七）を「応永一四」と書くことは中世には絶対にありえないから、この紀年銘は「応永十四年」ではない。だが、「応永一四月廿日」がもし「応永元年四月廿日」を意味するというのであれば、これも当時の書き様としては「元年」を「一年」とすることはないだろう。そして明徳《めいとく》五年から応永元年への改元《かいげん》は七月五日のことだから、「応永元年四月廿日」という日付は、厳密には存在しないことになる。いや、それはこれが供養塔《くようとう》だから問題ない、ということもできそうだが、「世良田氏」という書き方も奇妙だから、結局この板碑は「徳阿弥親氏」の供養塔でもないだろう。ところが梵字《ぼんじ》のキリーク（阿弥陀如来《あみだにょらい》）の彫り方は中世のものとしてまったく問題がないから、中世の板碑の銘文の部分を削って、それに将軍のご先祖さまの名前と命日とをきざんで埋めたいたずら者がいたと考えるしかないのだろう。そしてその改竄《かいざん》の目的としては、徳川氏の先祖に阿弥号を有する時宗の僧がいたことを世間にアピールし、時宗や称名寺の名声を高めようとしたか、もっと直接に、先祖の墳墓に対する徳川氏の援助を期待したか、などの可能性を指摘することもできるだろう。この板碑を学問的に検討すれば、このようになる。

では、この板碑は偽碑、または改竄の板碑として、忘れ去られてよいものだろうか。そうではあるまい。こうした板碑の改竄が行われた背景を考えれば、岸本覚が指摘したような鎌倉の相承院《そうしょういん》の伝承がもとになって、薩摩《さつま》の島津《しまづ》氏によってみずからの先祖と主張する源頼朝《みなもとのよりとも》の鎌倉の墳墓が整備されたり、長州《ちょうしゅう》の毛利《もうり》氏によって、同じく頼朝の墓近くの大江広元《おおえのひろもと》らの先祖の墓が整備された一八〇〇年前後の状況が想起される必要がある。そういえば、関戸《せきど》村(現在の多摩市関戸辺り)の名主《みょうしゅ》で、鎌倉幕府滅亡のときの関戸周辺での幕府軍と新田義貞《よしさだ》の軍勢との激戦に深い関心をいだいていた相沢伴主《あいざわともぬし》▲が、自分の屋敷内にあ

▼**相沢伴主**　十九世紀前半に武蔵国関戸村(現在の多摩市)の名主をつとめ、父の五流とともに近辺の史跡や伝承を探索し、『関戸旧記』を著わした。

った塚を『太平記《たいへいき》』の記述などをもとにして「安保《あぼ》入道道忍《にゅうどうどうにん》の墓」と比定(というより創作)したのも、釈迦堂光浩の研究によれば、十九世紀初頭のころであったという。そうだとすると、この板碑は、徳阿弥親氏の生涯についてはなにもあらたな歴史的事実を物語るものではないけれど、そうした先祖に対する記憶の呼び起こしや、ときには「先祖づくり」をした時代の状況を、明瞭に物語る貴重な資料であるということになるだろう。

一方、江戸《えど》幕府としてこの板碑をどのように判断したのか、『巷街贅説』によってさらにみると、その判断のプロセスの詳細はわからないが、五月になってからだされた老中安藤信成《あんどうのぶしげ》の下知《げち》は、この板碑は称名寺で念をいれてあずかること、この板碑を掘り出した地所の耕作は遠慮し、「一二三間四方に生垣《いけがき》をいた」すように、というものであった。この下知の中身からは、松平郷の高月院《こうげついん》にすでに墓所のある親氏の墓所をもう一カ所あらたに認定したと解釈することはできない。幕府としては、届け出た称名寺の顔を立てつつも、決定的な判断は避けたというべきではないだろうか。

板碑の履歴書

板碑を研究するにあたって、私たち板碑研究者は、その板碑がいつ、誰によって、なぜ造立《ぞうりゅう》されたのかを知ろうと考える。そのこと自体大切なことだし、当然のことなのだが、もう一つ、板碑は造立されてから現在まで、長い年月をへて残されてきた、ということも忘れてはならないだろう。

とすると、たとえば、造立した人が、その板碑を自分の母親の追善供養のために立てたとする。その母親や造立した人に関する記憶が失われたのちにもその板碑が立ち続けるとすれば、その板碑は誰かの供養塔であるよりも、土地の人びとにとっては、たとえば「板ぼとけ」として礼拝の対象となるかもしれない。また本来その板碑とは無縁の誰か著名な人の墓だとして喧伝されるかもしれない。親鸞《しんらん》の弟子である専修寺《せんしゅうじ》派の真仏《しんぶつ》への報恩の板碑が、後世「虎御前《とらごぜん》の墓」▲として語り伝えられた例（埼玉県蓮田《はすだ》市馬込《まごめ》、表紙の写真）や、同様に「虎御石《とらごいし》」と呼ばれる例もあり、さらには律《りつ》宗の忍性《にんしょう》▲がその造営に関与した箱根《はこね》芦《あし》の湯《ゆ》そばの精進池《しょうじいけ》畔の宝篋印塔《ほうきょういんとう》が「多田満仲《ただみつなか》墓」とされる例など、いくらでもそうした例をみいだすことができる。前に紹介した吉見《よしみ》町の「おねんぼうさま」も、な

▼**虎御前**　虎御前は、曾我《そが》兄弟の兄十郎祐成《すけなり》の愛人として『曾我物語』や『吾妻鏡《あずまかがみ》』に登場する大磯《おおいそ》の遊女《ゆうじょ》である。虎御前は曾我兄弟の死後、箱根で出家し廻国《かいこく》にでて兄弟の菩提《ぼだい》をとむらったとされる。廻国にともなう伝説が各地に残り、いわばその伝説を証するものとして、「虎御石」が残されたといえる。しかし、そのなかには大磯の虎や曾我兄弟と無関係なものもあり、たとえば表紙の馬込の真仏報恩板碑も「虎御石」と呼ばれるが、これは男二人から求婚された女がみずからの命をたつという、真間《まま》の手《て》児奈《こな》の伝説にかよった話が伝えられているという。

▼**忍性**　鎌倉時代の西大寺《さいだいじ》流律宗の僧で叡尊《えいぞん》の弟子。律宗の東国《とうごく》展開をめざして関東に下向《げこう》、常陸《ひたち》国三村寺《みむらでら》に住した。その後北条氏の庇護《ひご》をえて、多宝寺《たほうじ》・極楽寺《ごくらくじ》など鎌倉の寺に住して非人《ひにん》救済・殺生《せっしょう》禁断などの事業を行った。

●—『天野政徳随筆』より「貝取出土の碑」の図

●—埼玉県東松山《ひがしまつやま》市石橋《いしばし》「虎御石」胎蔵《たいぞう》界大日種子《かいだいにちしゅじ》　応安《おうあん》2（1369）年銘，高さ374cm。

ぜかイボとりに霊験《れいげん》があるとされた板碑だった。

考えてみれば当たり前のことだが、板碑や石塔《せきとう》だけに限らず歴史資料は、作成されたときの作成者の意図のとおりにだけ生きるわけではない。ある必要によって作成されても、伝存されるうちに、別の必要で改作されたり、抹消されたり、改作されないままで機能を変えたり付加されたりすることのほうが、むしろ普通のことだというべきだろう。

前項でみた称名寺の板碑は、おそらく前の銘文が削られて、ある著名人の墓標につくりかえられた例であった。しかしまた、どのようにして出土したのか不明だったが、出土当時の文人たちの残した複数の記録によって、出土状況が克明に明らかになった板碑群もある。

その一つの例は、多摩市貝取《かいどり》の鈴木家に残る板碑群である。

実は、五〇ページで紹介した「元弘《げんこう》三(一三三三)年五月廿二日」銘の道峯禅門《どうほうぜんもん》の板碑について、この板碑の旧在地が、実は多摩市関戸であるという意見があった。その意見の根拠は、江戸時代後期の随筆『天野政徳《あまのまさのり》随筆』▲巻之一に、一八二三(文政六《ぶんせい》)年春、前ページ左図のような板碑がいまの多摩市貝取から出土し

▼『天野政徳随筆』　幕臣《ばくしん》であり国学者《こくがくしゃ》でもあった天野政徳の随筆で、もとは書名を欠いていた。国学に関するものを主として、彼のえた多方面の情報を集め、三巻、一〇七条でなっている。なかには図も多く収載され、天保年間(一八三〇〜四四)ごろの成立かと推測される。

▼春登　時宗の僧で、関戸延命寺の住職であった。『万葉用字《まんようようじ》格《きゃく》』という『万葉集《まんようしゅう》』の用字法の事典をつくるなどした国学者でもあり、江戸の文人たちとの交流も深い。一八二六（文政九）年に富士吉田《ふじよしだ》に移ったが、武蔵国に関する書籍や彼の随筆『藁くぐつ』（全六編）などは大国魂神社に残したという。

た、という記事があることだった。つまり、「いぬる文政六癸未《みずのとひつじ》年三月、武州多摩郡貝取村の百姓、おのれが畑のうち、春雨の後とみに方三四尺斗落入て穴いできたれば、掘て見るに、下は三四間《けん》四方に穴をほりて、其穴のうちは古碑を建てめぐらして、土の崩れぬやうにかまへたり。其うちより此碑を得たりとて、武州《ぶしゅう》関戸の延命寺《えんめいじ》の春登《しゅんとう》▲上人《しょうにん》、おのれに搨打《とうだ》して贈りぬ」とあり、その碑の縮写の図が掲載されているのである。

貝取の百姓が自分の畑のうちに、春雨の後一メートル四方ほど落ち込んで穴ができているのを発見して掘ってみると、その下には六メートル四方ほどの大きな穴があって、その穴のうちには古碑が立ちめぐらされて、土がくずれないように構えられており、それを聞き伝えた隣村の関戸延命寺の春登上人が一枚の板碑を拓本にとって、この随筆の筆者天野政徳に贈ったというのである。随筆はさらに、この板碑の偈《げ》が無学祖元《むがくそげん》の臨刃偈《りんじんげ》であることも論じている。これがのちに円照寺《えんしょうじ》に移されたといわれるもとになったのである。

貝取は現在の多摩市の中心部に位置し、南下してくる鎌倉街道が関戸で多摩川を渡ってすぐのところで新田義貞の軍と鎌倉幕府軍との激戦があり、いかにもありそうな話ではあるが、結論をいえば、これは天野の記憶違いである。なぜなら同じく関戸延命寺の春登上人からこの板碑群の発掘について聞きおよんだ山崎美成《やまざきよししげ》の『兎園小説《とえんしょうせつ》』▲や春登自身の残した随筆『藁《わら》ぐつ』にはこの板碑群の発掘についてのほぼ同文の記事があり、それは天野の記事とだいぶ異なっているからである。

それによれば、貝取の百姓が雨後に家の裏山で薪《まき》をとろうとしていたところ、「片あし土中におち入ること、その深さ二三尺ばかり」、あやしんでそこを掘ったが、「大よそ五六尺ほどにして、一大穴あり。空洞縦横二間余もあらんとおぼしく、その傍に小穴あり。亦六七尺ばかり、めぐりに小溝をかまへて、漏水を通わす備とせり。その遺棄する埋樋《うめひ》、みな石塔婆《いしとうば》をもてつくりまうけ長三四間、その数凡《およそ》四五十基。みなほり出でたり。年歴を検するに、弘安《こうあん》元(一二七八)年より文明《ぶんめい》九(一四七七)年に至る。今を距《へだた》ること五百三十有余年、しかれども金字《きんじ》の梵書《ぼんしょ》猶存せり」という。興味深いことに、『天野政徳随筆』ではこのときに出土した板碑について元弘板碑のことしか記されていないのだが、『兎園小説』には、「弘安元年より文明九年に至る」と、このときに出土した板碑の具

▼**『兎園小説』**　一八二五(文政八)年に滝沢馬琴《たきざわばきん》・山崎美成を中心とした一二人の好事家《こうずか》により「兎園会」と呼ぶ寄合がもたれ、江戸や諸国の奇聞・奇談がもちよられた。当時の人びとのあいだで語られた貴重な情報が含まれ、その記録が書き留められたのが、この『兎園小説』である。ただこののち、馬琴と美成とは袂《たもと》を分かつことになる。

体的な年号が記述されている。

つまり板碑出土の直後に現地を訪れ、まちがいなく出土に立ちあった人びとから自分で聞取りを行い、しかもその出土の板碑を検分したうえで、一部の板碑の拓本までとって帰ったいわば板碑出土の「目撃者」自身の「目撃証言」があり、それは天野の随筆とは内容に違いがあったのである。

たとえば、『天野政徳随筆』では出土した板碑は地下の穴の壁に立てならべられてあったといい、あたかも近年注目されている墳墓としての地下式壙《こう》とも受け取れるような表現がされていた。だがこの『藁ぐつ』の記事などによれば、板碑は壁に立てならべられてあったのではなく「埋樋」に使われていたことになる。いわば典型的な穴蔵、地下の貯蔵施設に、板碑が石材として再利用されていたことになるのである。

では、どちらの記述を信用すべきだろうか。後者が一八二三年の出土直後に現場をみた人物自身が書いたものであるのに対して、前者は四三(天保《てんぽう》十四)年と、二〇年もあとにその人からの伝聞を書いたものなのだから、当然後者を信用すべきだろう。しかも、春登は一八三六(天保七)年の没と伝えるから、前者の筆者天野政徳は記事を書くにあたって彼から再確認するすべはなかったはずで、この文章は二〇年前の記憶だけに頼って書かれていたことになり、ますます信じにくい。

するとと、天野がいうような元弘三年銘の板碑が本当に貝取の板碑群のなかにあったのかどうかということも疑問になってくる。この点も『藁くぐつ』の記事には、「年歴を検するに、弘安元年より文明九年に至る」「金字の梵書猶存せり」などとあり、元弘銘の板碑にはまったくふれていない。春登も山崎美成もこの時代の優れた文化人であり、無学祖元の偈の彫られた板碑をみたり聞いたりして、興味をもたなかったとは思えない。

では、つぎに出土板碑群の「年歴を検するに、弘安元年より文明九年に至る」とあったことに注目しよう。すると興味深いことに、この板碑群と同一と考えられる板碑群が、多摩市内に現存していることが知られる。それは、多摩市貝取の旧家鈴木家に伝わる板碑群である。この板碑群について、特別な聞取りはえられていなかった。また元弘の板碑も存在してはいない。だが、ここには四三基の板碑が残されており、しかも、そのなかには「弘安元年八月」銘と

「文明九年七月二日」銘の板碑も含まれている。さらに重要なことは、弘安元年銘と文明九年銘の板碑は、多摩市内では確実に判読できるものとしては、ここ以外でほかに一基も発見されていない、ということなのである。所在地といい数といい、また銘の一致といい、この板碑群が随筆に書かれた板碑群と同一であることはまちがいあるまい。

こうして、原所在地の伝承をまったく失っていた板碑群について、江戸時代の随筆の検討からその発見当時の様相が詳細に明らかになったが、同時に元弘の板碑の不存在も一層可能性が高くなった。

『天野政徳随筆』の混乱はなぜ生じたか?

以上のようにみてきたとき、考えうる唯一のことは、円照寺の板碑の偈の部分だけの拓本を贈られた天野が、のちに貝取の板碑発掘の話と混同してしまった、ということではないだろうか。

それにしても、なぜ天野は、貝取の板碑発掘の話と円照寺の板碑とを混同してしまったのだろう。もっとも可能性が高いのは、天野が円照寺の板碑の偈の部分だけの拓本も、同じ春登から贈られたという状況が一緒に存在したときであろう。そうしたことを直接証明する記事はない。だが、『藁くぐつ』には、そうした推測に傍証をあたえてくれる記事が掲載されている。結論をいえば、春登は、円照寺の例の板碑の存在を知っており、多分自分でも調査しており、しかも知人のとった円照寺の板碑の拓本を所持していたのである。

すなわち『藁くぐつ』第三編には、「円照寺石碑」と題して一八一七（文化《ぶんか》十四）年に起きた古墓の盗掘事件などについて紹介した項があるが、そこに「其墓側古石碑七基アリ」として例の元弘板碑以下七基の板碑の銘文が書き上げられているのである。しかもその板碑が無学祖元の偈をもつことも記されており、さらに「此碑、我友相沢伴主摺打シテ、余ガ許ニモ一枚ヲ贈レリ」と、元弘板碑の拓本が手もとにあることを明記しているのである。そしていささかくどいが、もちろんこの円照寺の元弘板碑が貝取から移築されたとも、同様の偈をもつ板碑が貝取にあるとも書かれてはいない。これも確認しておこう。

相沢伴主とは、前にもふれたが、関戸村の名主で父五流《ごりゅう》とともにこの地方きっての文化人であった。そして鎌倉幕府滅亡のときの戦争に深い関心をいだいていた人間であった。というのは、関戸周辺での幕府軍と新田義貞の軍勢との激戦で戦死した武将の墓と称するものが、現在も関戸にはいくつか残されているが、その一つの「安保入道道忍の墓」といわれるものは、最近の釈迦堂の研究によれば、十九世紀初頭まではまったく伝承が伝わっていなかったのであり、相沢伴主の屋敷内にあった塚を彼ら父子が『太平記』の記述などをもとにしてそう比定したものであろうとされる。つまりそれまで存在しなかった伝承を、相沢伴主らがつくりあげたものにちがいないというのである。

してみれば、相沢が新田義貞の軍勢の南下戦に深い関心をもちつつ、自分の想定した伝承の根拠をみいだすべく、各地の資料を渉猟したと考えても無理はない。そうして収集された資料のなかに、円照寺の板碑もあったのであり、そのうちもっとも銘文が珍しい元弘板碑の拓本を、同じ村に住む文化人として交友のあった春登に贈ったのである。

春登が円照寺の元弘板碑の拓本を所持していた背景は、以上のように説明される。そしてこの拓本を春登は天野に贈ったのであろう。贈った時期はいつか。それは明らかにできないが、あるいは関戸を離れて甲斐《かい》の吉田《よしだ》で晩年をすごすことになって武蔵の歴史に対する興味を失ったときか、またあるいは、彼の蔵書を府中の大国魂《おおくにたま》神社に託したのと同じ時期でもあろうか。いずれにせよ、周辺の状況を考えれば、もはや貝取出土の板碑群のなかに、もともと元弘板碑と相似の板碑は存在しなかった、と推論することができよう。

もう一つ解決しなければならないことがある。

それは、円照寺の元弘板碑は一八二三（文政六）年以前から円照寺に存在したかどうか、ということである。

この点については、福島東雄《ふくしまあずまお》の『武蔵志』▲（『新編 埼玉県史　資料編一〇』に収載されている）が重要な判断材料を提供してくれた。その巻十には、この元弘板碑が円照寺所在として図入りで掲載されている。しかも、この板碑の説明として、「五一 崇永擬集古録《ぎしゅうころく》巻一　右在武州高麗《こま》郡加治野田《かじのた》村光明山《こうみょうさん》（円照寺）」という書出しで漢文体の記録が引用されており、その引用文のなかでは、「里人之言」などを証拠として、この板碑が鎌倉の北条《ほうじょう》氏に殉じた「加治源太左衛門《げんたざえもん》墓碑」であることや、この板碑の偈が無学祖元の臨刃偈であることさえ、すでに明らかにされているのである。福島東雄は一八〇三（享和三）年、つまり貝取の

▼**『武蔵志』**　忍《しのぶ》領大間《おおま》村（現在の埼玉県鴻巣《こうのす》市）の名主をつとめた福島東雄（一七三四〜一八〇三年）により江戸時代中期に編纂された。現存する『武蔵志』は自筆草稿一七冊からなるが、幕末に孫の貞雄《さだお》が補訂したところがあるといわれる。

板碑出土の二〇年前に没しているのだから、貝取で元弘板碑が「出土した」よりずっと前から円照寺にすでに問題の元弘板碑が存在していたことになる。

また『擬集古録』からの引用という。『擬集古録』とは十八世紀初頭に川越藩《かわごえはん》の藩儒《はんじゅ》でもあった並河誠所《なみかわせいしょ》（五一郎《ごいちろう》、崇永）の編書であるから、この板碑の円照寺所在は、さらに一〇〇年さかのぼって確認することができることになる。事実、最近、京都大学文学部所蔵の並河家旧蔵『擬集古録』の謄写本に、「円照寺碑」として、まさにこの記事と同じ文章が掲載されていることを確認したのである。

これまで『擬集古録』は大田南畝《おおたなんぽ》▲編の『三十輻《みそのや》』所収のものや国立国会図書館・内閣文庫所蔵の写本が多く用いられ、それらの『擬集古録』写本にはこの「円照寺碑」の記事がなかったために判断しにくいところもあったし、『武蔵志』の引用だけであれば後世の加筆ということもありえなくはないが、そうした可能性のない新史料の発見によって、もはや円照寺の元弘板碑が十八世紀初頭にはすでに円照寺に存在したことが確実となったのである。

いまのところ、このような来歴がはっきりする板碑はむしろ珍しい存在である。しかし、幸いなことに江戸時代の文人たちは、結構板碑について詳しい記

▼**大田南畝**　一八二三（文政六）年に没した江戸後期の幕臣で文人。号は蜀山人《しょくさんじん》。『一話一言』などの随筆のほか、洒落《しゃれ》本や黄表紙《きびょうし》本もつくったが、幕府に仕える役人として多摩川周辺を調査した記録である『調布《ちょうふ》日記』などの紀行文は、当時の歴史資料として貴重である。

事を残してくれているのである。私たちは、こうした文人たちの板碑に関する記事を丹念に読み解くことで、一つでも多くの板碑について、造立されてから現在までの「履歴書」をつくりあげることができるのではないだろうか。そしてそれらの板碑が時代の変化のなかで、それぞれの時代に、そこに生きた人びとに、どのようなメッセージを送り続けてきたのかを考えていくことができるのではないかと考えているのである。

④―石塔のある風景

残された中世の風景

近年、中世の墳墓や板碑《いたび》群が発掘調査された例は全国にとても多いのだが、なかなかそれを出土したままに保存することはむずかしくて、残念ながらそれらのほとんどは発掘調査が終了するとともに破壊され、消滅してしまうことになる。ところが、東北地方では、そうした板碑群が出土した状態のままで保存された例がいくつかある。そういう例を見学して、なにかの参考にできないかと考えて、何人かの方々と一緒に、久しぶりに宮城の板碑を見学しにいった。最初の目的地は、石巻《いしのまき》駅から車で一時間ほどの石巻市(旧河北《かほく》町)尾崎《おのさき》の海蔵庵《かいぞうあん》板碑群である。

この板碑群はどれも粘板岩《ねんばんがん》質の板碑である。そして北上川《きたかみがわ》の河口に近く、追波湾《おっぱわん》から少し陸地にはいりこんだ長面浦《ながつらうら》をみおろす急傾斜の斜面の杉林のなかに立っていることが以前から知られていたのだが、下の家が土砂崩れの被害にあいかねないという心配から、斜面を削る整備が行われることになり、その事

●—宮城県石巻市海蔵庵板碑群の旧状

●—海蔵庵板碑群「よりともさま」の旧状

●—海蔵庵板碑群の復元後の状況

前の調査でやはり想像以上にたくさんの板碑が発見されたものであった。しかも、それらの板碑のうちには、おそらく造立《ぞうりゅう》当初の位置(原位置という)を動いていないか、あるいは動いていたとしても、それほど原位置から遠くまで移動してはいない、という板碑が多かったのである。もちろん、過去に斜面をすべりおちていた板碑もあったと想像され、それらは発掘調査前にすでに海蔵庵の板碑として知られていたし、斜面の板碑も、地表面にでていて注目されたものもあった。

たとえば、「よりともさま」と呼ばれる弘安《こうあん》十(一二八七)年銘《めい》の板碑は、この板碑群のなかでも最古に属するものだが、すでに江戸《えど》時代から知られていたものだった。しかし、それらの板碑群をつつむ景観がいわば全面的に明らかになったのがこの調査だった。

そして調査の結果、同じ標高上に板碑が横にならんだ段が二段か三段つくられていたことがはっきりとした。おそらく、その段々は、順々につくられていったのであろう。またどの板碑の面も、多分、長面浦の水面のほうを向いていたのだろう。

一番びっくりさせられたのは、「よりともさま」の板碑は側面に二枚の板石が立っていて、平面の構成がちょうどコの字の形になるような石組みで、さらにその両脇に一基ずつの板碑がならんで立っていたということが明らかになったことだろう。しかも、発掘が進むにつれて、このような石組みは「よりともさま」だけではなくて、一部ははっきりしないが、調査にあたった佐藤則之や茂木好光らによればおそらく九つはあっただろうと考えられるようになったのである。つまり、造立当初の情景は、最初に「よりともさま」の石組みがつくられ、それを中心にして順次それとよくにた石組みが上段の左右に形成されていったということになろう。

この石組みは、ちょうど主要な板碑を奥壁にした石室《せきしつ》のようなものと考えればよい。盛時には、下からみあげれば、いくつもの石室が自分をみおろしているようにみえたはずで、この急な斜面にいくつもの廟《びょう》が拝せられたであろう。地元の研究者である勝倉元吉郎らは鎌倉《かまくら》周辺に多い「やぐら」▲を意識したものではないかと考えられているという。あるいはそうなのかもしれないし、石塔《せきとう》をおさめるための石龕《せきがん》だろうと考えてもよいかもしれない。いずれにせよ、石で

▼やぐら　神奈川県の鎌倉周辺に多く、中世、崖面に横穴を掘り、内部をかざって仏堂《ぶつどう》や墓としたもの。近年、千葉県や東北地方、九州にも類似の横穴があることが指摘されている。

●——神奈川県鎌倉市，寿福寺のやぐら

●——宮城県名取市，熊野神社(新宮)

●——宮城県名取市熊野堂，大門山遺跡

板碑をつつむ堂を形づくったものと解することができようが、異例な遺跡《いせき》であることはまちがいない。

この遺跡の板碑群は、いったん搬出されて急斜面の工事が終了したあと、もとあった場所から少し動いた平坦な場所にならべられ、「よりともさま」の石組みもその中央に復元されて陳列されていた。

大門山の板碑群が語るもの

もう一つの目的地は、名取《なとり》市の大門山板碑群であった。私にとっては、約一〇年ぶりの訪問である。この遺跡は、名取の熊野《くまの》神社▲やその別当寺《べっとうじ》だった新宮《しんぐう》寺《じ》をみおろす高台にあり、今でも太平洋をながめることができる、景色のよいところに位置する。かつて、宅地造成の工事の計画で消滅の危機のなかにあったこの板碑群をかろうじて保存することができたのは、恵美昌之ら地元の文化財保護の担当者の保存への熱意と地権者の深い理解であったという。そのころ、横浜市の上行寺《じょうぎょうじ》東《ひがし》遺跡や静岡県磐田《いわた》市の一ノ谷《いちのたに》遺跡などの中世墳墓遺跡が、市民や研究者たちの保存の要望にもかかわらずつぎつぎに破壊されていった。

▼**名取の熊野神社**　宮城県名取市の熊野堂辺りは、能《のう》の「名取の老女」に語られるように、中世の都《みやこ》でも知られた熊野信仰の地であった。ここには本宮《ほんぐう》社、新宮《しんぐう》社（熊野神社）と境内《けいだい》に小さな滝をもつ那智《なち》神社の三社がそろっていることも、特筆に値することであろう。

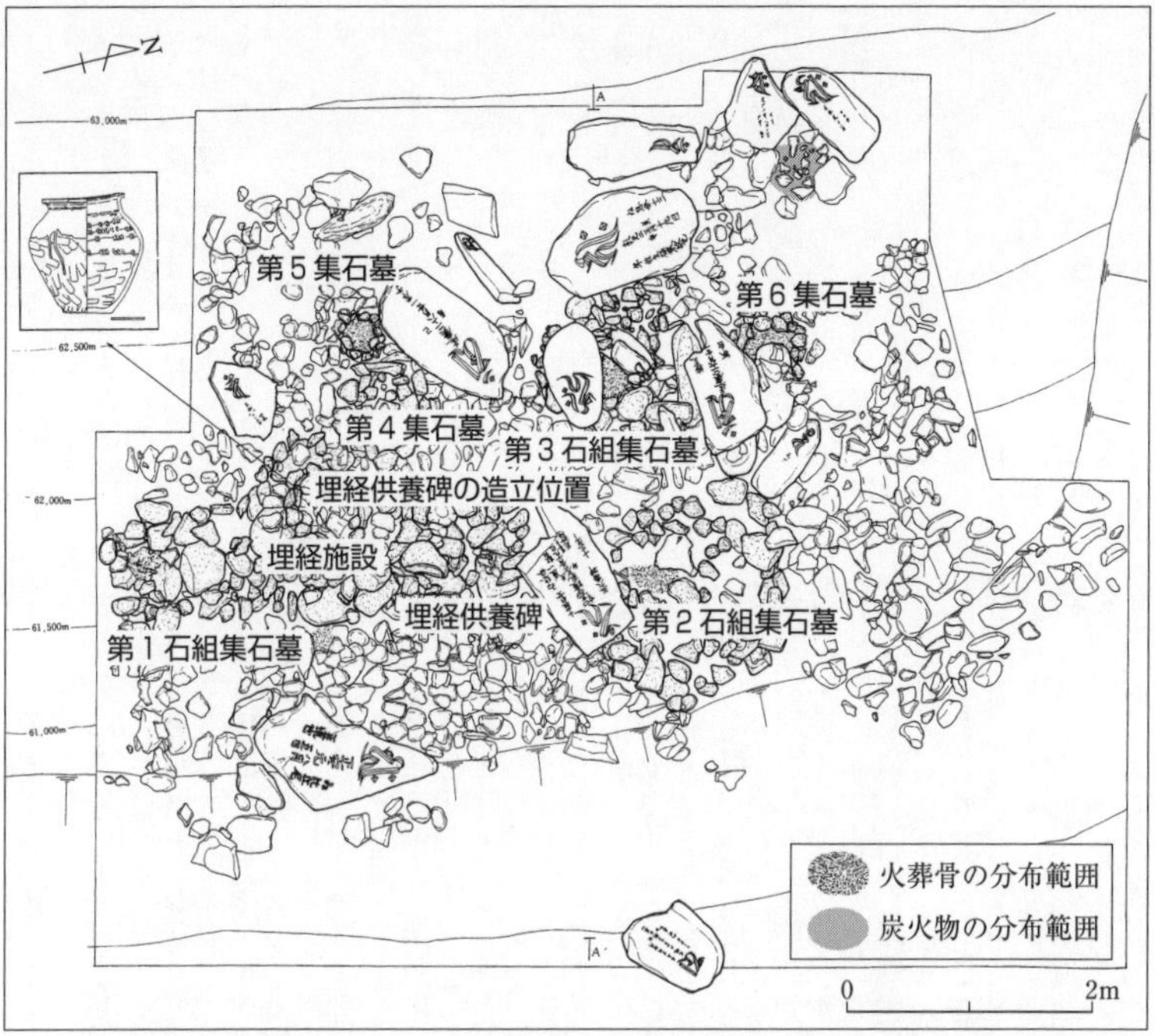

●—宮城県名取市熊野堂，大門山遺跡Ⅱ区発掘調査地点実測図（『大門山遺跡発掘調査報告書』より）

●—宮城県名取市熊野堂，大門山遺跡（発掘後のⅡ区）

この大門山だけが残ったということは、どれほど高く評価しても、高すぎるということはないと思う。

それはともかく、大門山には板碑が数百基はあるのではないかというほど地表面にたくさんあった。さらに地下にもたくさんあるだろうということが予想された。そこで、造成に先立って、その調査が行われたのである。

ところが、部分的に発掘された結果わかったことは、当初の予想をはるかに超えるすばらしい遺跡であるというものだった。つまりここでは、板碑が中世に立てられ、それが墳墓とともに埋まり、そのままの姿でまたあらわれてきたのである。そしてこの調査がきっかけになって、この遺跡の主要部分がかなり広範囲に保存されることになったわけだ。

では、そこはどのような遺跡だったのだろうか。

私は、この遺跡のうちで発掘報告書が「Ⅱ区」と呼んでいる六メートル×一〇メートルほどのところにとくに注目している。この狭い範囲に、十数基もの板碑が密集して発掘され、しかも六つの集石墓《しゅうせきぼ》も発見されている。集石墓とはいくつかの小石で小さな囲いをつくって、そのなかに火葬骨をおさめた施設のことだが、当然この火葬骨をおさめた墓に供養塔《くようとう》としての板碑が立てられた、という情景だったことがわかる。そしてこの板碑のなかに、同じ日に造立された板碑(AとBとする)があったのである。

Aの板碑は、

十羅刹女《じゅうらせつにょ》　為悲母一
(梵字《ぼんじ》・釈迦《しゃか》)　如法守護《にょほうしゅご》　乾元《けんげん》二癸卯三月十九日　孝子《きょうし》道一《どういつ》敬白
五六番神《ばんしん》　十三年　尼妙性《みょうしょう》

という銘をもち、Bの板碑は、

為悲母十三
(梵字・阿弥陀《あみだ》)　乾元二癸卯三十九日
年往生極楽《おうじょうごくらく》故也

という銘をもつ。

つまりこの二基の板碑は、ともに一三〇三(乾元二)年に道一と妙性という二人の人物が、母の十三回忌の供養として立てたものだということになる。道一と妙性とは、兄妹かまたは夫婦ということになるだろう。またAの板碑の「五六番神」の五六は掛け算で三〇を意味しているから、つまりは三十番神《さんじゅうばんしん》、十羅刹女▲とともに法華経《ほけきょう》の護法神《ごほうしん》である三十番神を意味しており、ここに法華経の如法経供養が行われた経塚《きょうづか》があったことを示唆している。想像をたくましくすれば、同時に発掘された陶器の壺のなかに法華経が埋納されていたということなのだろう。

そして、この「道一」という母の供養をした子どものほうの名前に注目すると、彼はその六年後には死去してしまったらしく、「右志者、為道一往生極楽故也」という銘をもつ一三〇九(延慶《えんぎょう》二)年の板碑も近くにあって、さらにその道一の三回忌の板碑だろうと思われるものも、この区画にはみえるのである。

とすれば、この遺跡は、従来確実な証拠がなかった、同一人物の墓所に複数の供養塔が立てられて年忌供養が行われた場を明らかにした遺跡だったということになろう。鎌倉時代後期に、墓参りの風習が行われたことを証明した遺跡だったのである。そうした一族の墓所にふさわしい景観が、この遺跡には備わっていたのである。

▼三十番神、十羅刹女　三十番神は、一カ月三〇日を順に結番して守護すると信じられる三〇種の善神《ぜんしん》をいい、ここでは法華経守護の番神である。また十羅刹女はもとは人の精気を奪う鬼女《きじょ》であったが、仏の説法によって法華の行者《ぎょうじゃ》を守る役割を担うことになった一〇人の女の護法神のこと。

勝地に残された板碑

さて、二つの板碑群をみて、つぎのような感想をもった。

まず大門山の板碑群は、私たちに鎌倉時代の先祖供養と墓参りのありようを具体的にみせてくれた。それは、板碑の分布状況とともに、銘文の解読が教えてくれたことであった。

そして、板碑群が掘り出された状態で保存される例は、最初に述べたように本当に稀有なものなのである。その意味では、大門山の遺跡の板碑は、本当にしあわせな板碑たちだった、というべきかもしれない。また海蔵庵の板碑も、当初のままの位置ではないけれど、当初立っていた位置の近くに復元されて立っている。それらがながめる景観は、立てられたときとそれほど違ったものではないのだろう。

二つに共通するのは、すばらしい風景をみおろす場所に立っていた板碑群だった、ということである。

よく中世史料に、「勝地《しょうち》」という言葉をみる。「勝地」とは、優れた場所という意味だが、中世の仏教関係の史料のうえでは、聖なる地、という意味合いをもっており、寺院や墳墓を形成するのに適した地、という意味で用いられている。しかし、この二つの場所をみると、中世墳墓のつくられる「勝地」とは、こうした優れた景観の地、という意味合いがあったにちがいない、という感じを改めていだくのである。

そういう意味では、この二つの板碑群を保存し、あるいは復元してくださった関係者や地元の方々には、深い敬意と感謝の念とをいだくものである。

だが、海蔵庵の板碑群は、急斜面に下から三段ほどに分かれて立っていたと推定されている。とすれば、平らな場所に集めて立てるより、それを表現できるように、なんらかの工夫がなされてもよかったのではないかと、率直にいうと感じられるのである。

また、大門山の板碑群は、保存が決まってからすでに長い年月をへたためだろうか、ブッシュに埋もれてその場所さえよくわからないままに残されていた。

板碑群をそのままの形で保存するのはとてもむずかしいことだ、そして残した板碑群を維持することは、それ以上にむずかしいのかもしれない、そのような感想を、現地で苦労されている方々の思いに重ね合わせつつ、この見学に参加した私たちは帰京したのであった。

小川町の下里・青山板碑製作遺跡の発見

埼玉県の中央部、関東平野と秩父の山々の、ちょうど境に位置する小川町《おがわ》は、「手漉《てす》き和紙の町」としても名高く、そこで作られる細川紙《ほそかわし》は、二〇一四(平成二十六)年に、ユネスコの無形文化遺産に登録されたということである。

同時にまた、この町は、板碑の総数が一〇〇〇基を越えるほど多くあることでも知られていたが、近年、「この町の、割谷《わりや》という地区に、板碑の製作場所があったのではないか」、という話が口コミで広まっていたようだ。しかし、ここに着目して、それを論文として学問的見解を明らかにしたのは、三宅宗議の「小川町下里《しもざと》で採集した青石《あおいし》の加工石材」(『埼玉史談』四七―四、二〇〇一年)であり、この論文の果たした役割はとても大きかったと思う。

続いて、磯野治司・伊藤宏之が、「小川町割谷採集の板碑未成品」(『埼玉考古』四二、二〇〇七年)を発表して、ここが板碑原石の切り出された場所であったことが一層確実となった。

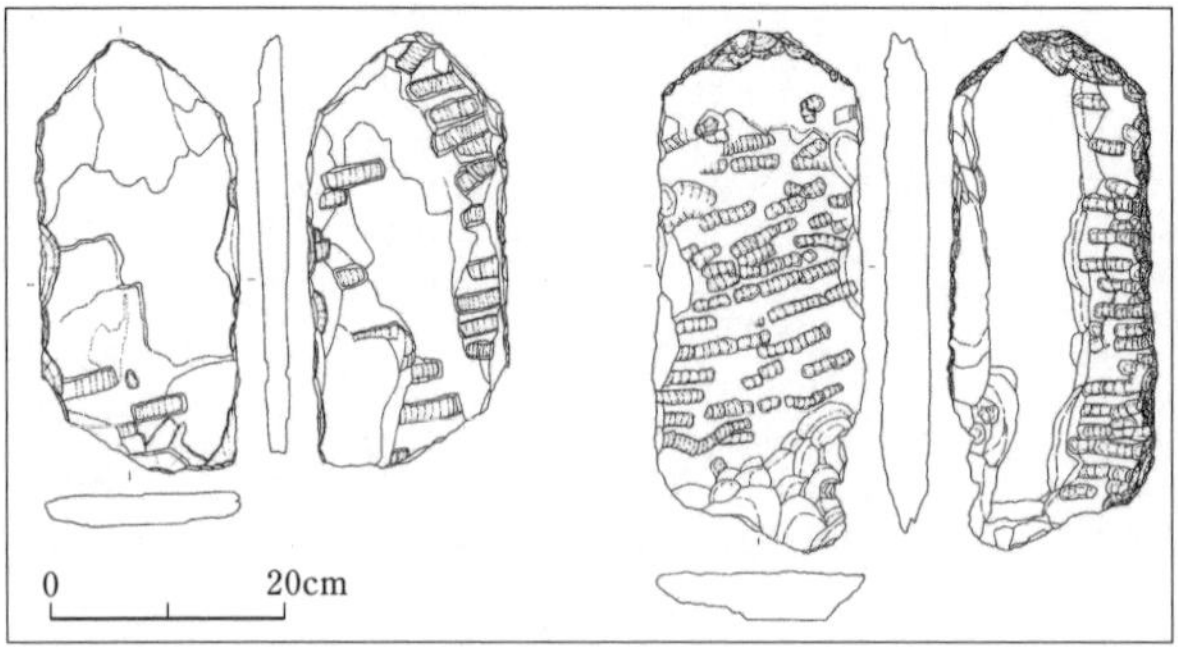

●—出土遺物の実測(『下里・青山板碑製作遺跡—大沢谷遺跡測量調査報告書—』小川町教育委員会、二〇一八年より)

ただ、「板碑未成品」と名付けられていることからもわかるように、石材の外形が荒削りされているだけで、梵字《ぼんじ》や銘文《めいぶん》はまったくきざまれておらず、厚さも、やや分厚いままとなっているものが多く含まれている。はじめてこの遺跡を拝見したとき、板碑とは、こんなにもたくさんの未成品をともなって、生み出されたものなのかと、感慨深く感じたことを記憶している。もとより、年次の推定も、手掛りとなることは多くない。

こうした調査結果の公表を受けて、小川町が公式に調査に乗り出すことになった。その調査では、町職員の高橋好信・吉田義和を中心に、三宅、磯野と浅野晴樹らも加わって、緑泥片岩《りょくでいへんがん》の露出する下里・青山《あおやま》地区を綿密に調査していくと、それが実に、一九か所に及ぶ地区数にのぼった。このようなことは、調査開始の頃には到底想像もできないことだった。そこで、精査の終了した所からまず指定の網をかけ、残りの地区は、その後に順次追加することとして、まず三か所を、国指定史跡「下里・青山板碑製作遺跡」とすることが発表されたのは、二〇一四年十月六日のことだった。

⑤—石造物の保存と利用へ

破片ももらさず調査する

「破片ももらさず調査する」という言葉を合い言葉にして、千々和實が埼玉県全域の板碑《いたび》調査と取り組んだのは、一九六五(昭和四十)年の夏のことだった。それまでも、戦前から群馬師範の生徒たちを指導して郷土史研究の一環として群馬県内の板碑調査を行ったり、戦後には東京学芸大学の学生たちと東京・埼玉の板碑所在地を訪ねて調査をしてはいたのだが、そのなかで彼の心のなかには大きな危機感が育ってきていた。

すなわち、都市化が進行するなかで、武蔵野《むさしの》のいたるところに立ち、残されていた板碑が、つぎつぎに失われていくのではないか、歴史の生き証人が消えていくのではないか、というおそれであった。しかし当時の文化財行政は、まだなかなか野仏《のぼとけ》や板碑・石塔《せきとう》などには手が回りかねる状況だった。そこで彼は、有志を募り東国《とうごく》文化研究会を立ち上げ、その会を母体として各地の板碑調査を組織することにした。調査資金の一部には、二年間あたえられた科学研究費補助金や東京都の委託調査費があてられたが、費用の大半は彼の私費と、ボランティアで調査に参加した方々の自己負担でまかなわれていた。

この調査での合い言葉が「破片ももらさず調査する」だった。これは、それまでの板碑・石塔の調査が、ややもすれば銘文《めいぶん》の文字数の多い史料的価値の高いものや美術的にすぐれた優品にのみ集中するきらいがあったことに対して、たとえ破片であっても、中世の文字がきざまれていれば貴重な文献史料である、蓮座《れんざ》の一部がきざまれた断片は、立派な考古資料である、という彼の歴史家としての信念から発せられた言葉であった。重要なのは、彼が従来の調査を否定するのではなく、むしろそれまでのいろいろな調査の成果をカードとして生かして、それを調査員にもたせ、そのカードを手掛りにして調査を進めたことであろう。こうして、この調査は学問的に意味あるものとなった。

そして、その調査の成果の一部は、『武蔵国板碑集録2』『武蔵国板碑集録3』や、『東京都板碑所在目録』に結実し、さらにその後に引き続いて実施された各県や市町村の調査の台帳として重要な役割を果たしている。また、この調査で培われた調査手法が、その後の板碑調査の標準的調査法として、埼玉・群馬・茨城・山梨などの各県での調査に引き継がれていったことはまちがいない。近年のものとしては、個人の仕事として縣敏夫が出版した『八王子市の板碑』も、そのすぐれた後つぎということができるだろう。

もちろん、以前のそうした調査成果をみれば、たくさんの誤りや不十分な点が目につくことは確かである。時間との闘いのなかで雑ともいえる拓本《たくほん》作業によって読み落とされた銘文の存在、実測図を作成する時間などとうていえられないなかでの、一つひとつの板碑に対する観察の不十分な点、などなどである。学生時代から調査に直接かかわってきた私には、大きな責任があると思う。

だがこれらの調査の最大の成果は、こうして四万基を超える板碑の銘文とその分布がともかくも明らかになり、ほとんどの板碑の拓本がえられた、ということであろう。私たちは、あるいは私たちの後継者は、これらの成果を踏まえて、今、特定のあれこれの板碑の詳細で精緻な観察を行う条件がえられたのである。

そしてまた、こうした調査は、郷土の文化財として石塔を保護する重要性を多くの方々の心に刻み込むことにもいささかの力となったであろう。もとより

●—長野県飯綱町牟礼、永正の石造地蔵

●—長野県上田市別所温泉，常楽寺石造多宝塔と層塔

同時に、それらの人びとの協力によってはじめて、調査がなんとか実現してきているというべきなのである。たとえば長野県の石造物について本書では触れられなかったが、飯綱《いいづな》町牟礼《むれ》で一緒に調査して石造のお地蔵さまに「永正《えいしょう》四年」(一五〇七)の紀年銘《きねんめい》と本阿弥陀仏《ほんあみだぶつ》という造立《ぞうりゅう》者銘をみいだしたことから、その地蔵の歴史的意味を考察し、ついに旧牟礼村で唯一の長野県宝への指定を実現する力となった矢野恒雄や、上田《うえだ》市別所《べっしょ》温泉から好事家《こうずか》によって持ち去られた石造層塔《そうとう》を、長年にわたる調査で突き止めて現地に戻すことに尽力した山極尚一らの功績は、記憶にとどめたいと思う。

里帰りした石碑

本書の執筆に苦しんでいた二〇〇五(平成十七)年という年は、久しぶりに「金《きん》石文《せきぶん》」が大きな話題になった年だった。

その一つは、遣唐使《けんとうし》に随行した留学生《るがくしょう》の一人で唐に渡ったまま若くして客死した「井真成《せいしんせい》」という人の墓誌《ぼし》が二〇〇四(平成十六)年に中国の西安《せいあん》で発見されたが、それが日本に来て、各地で展示されたことである。「井真成」は、日本では今のところなに一つ記録のみいだせない人で、そのような人の墓誌が発見され、それが日本にもってこられたということから、彼がどのような人だったのかをめぐり、一般市民の聴衆をも集めて何度もシンポジウムが開かれるほど、大きな話題となったのである。そのとき、ある報道機関は「里帰り」と表現したが、日本でつくられたわけではない墓誌が日本に来たとしても、それを「里帰り」とは呼べないであろう。ただ、その記事を書いた記者の心には、異国で客死した「井真成」という人が故国に「里帰り」したといいたかったのだろうとは想像がつくことだった。

今一つは、日露《にちろ》戦争のときに日本の軍人によって日本に持ち運ばれて靖国《やすくに》神社の境内《けいだい》に保管されていた石碑《せきひ》「北関大捷碑《ほっかんたいしょうひ》」が、韓国に引き渡されたという十月の報道である。「北関大捷碑」は、朝鮮半島北部の咸鏡《ハンギョン》北道吉州付近で、豊臣秀吉《とよとみひでよし》が朝鮮半島に送った加藤清正《かとうきよまさ》の軍勢を現地の義兵《ぎへい》が破ったことを記念し、戦乱から一〇〇年余りのちに立てられた石碑だが、日本に持ち運ばれてからちょうど一〇〇年目の二〇〇五年、これをお返しすることができたわけである。韓国・北朝鮮の人びとにとっては、「戦争の記憶」をきざんだこの石碑は、

●──西安出土「井真成墓誌」

〔井真成墓誌釈文〕

贈尚衣奉御井公墓誌文幷序
公姓井字真成国号日本才称天縦故能
□命遠邦馳聘上国蹈礼楽襲衣冠束帯
□朝難与儔矣豈図強学不倦問道未終
□遇移舟隙逢奔駟以開元廿二年正月
□日乃終于官第春秋卅六　皇上
□傷追崇有典　詔贈尚衣奉御葬令官
□即以其年二月四日窆于万年県滻水
□原礼也嗚呼素車暁引丹旐行哀嗟遠
□兮頽暮日指窮郊兮悲夜台其辞曰
□乃天常哀茲遠方形既埋於異土魂庶
帰於故郷

朝鮮にあるべきだと考えたわけである。そのような石碑を日本に持ち去ったことは、まことに遺憾なことであるが、そうしたことをした人びとからすれば加藤清正軍の敗北という日本にとっては必ずしも喜ばしくない碑文《ひぶん》を有するこの石碑が、破壊されたり傷つけられたりすることなく靖国神社をはじめとする関係者の努力によってきちんと保管されて、無事返還できたことについて、私たち日本史研究者としては心からよかったと思う気持ちを禁じえないでいる。これこそはまさに、石碑の「里帰り」というべきことだろう。

二つの「金石文」の「里帰り」がこのように日本で話題になった年に、私は偶然、韓国の成均館大学校で開催された「東アジア中世社会の金石文」というテーマの国際シンポジウムに鈴木靖民の紹介で日本からのパネラーとして招待を受けた。前述したように、日本の中世の金石文は、どちらかといえばマイナーな資料である。だが中国や、とりわけ韓国では、それがとても重要な文字史料として位置づけられていることに深い感銘を覚えた。

東アジアの歴史が、こうした共同作業の一層の積み重ねによってさらに深く解明されることを心から期待したいと思った。ただ、具体的な内容についてみ

●―「北関大捷碑」拓本（表）

（裏、紀年銘部分）「崇禎甲申《すうていこうしん》後六十五年十月　日立」

明《みん》の滅亡は一六四四年で、この年は崇禎十七年甲申の年であった。つまり、この碑の筆者は朝鮮が冊封《さくほう》を受けていた清《しん》の康熙《こうき》年号を用いず、「明滅亡後六十五年」と年号を記したことになる。

●―靖国神社に保管されていたときの「北関大捷碑」

れば、韓国側の報告は、すべて銘文の研究が主であったように思われる。ところが日本では、現在の金石文研究は、文字史料としての側面よりも、たとえば石造物《せきぞうぶつ》でいえば、その石材がどこからどのようにして運ばれたものなのか、とか、微細な彫刻技術がどのように変遷していくのか、ということに関心が移りつつある。つまり、銘文のみが読めて理解できればよいというような調査段階から、佐藤正人・三宅宗議・渡辺美彦・磯野治司・伊藤宏之らの仕事に顕著なように、石碑・石造物を「モノ資料」としてとらえ、検討を加えるために、銘文を含めた石碑・石塔などの全体の実測図がつくられ、歴史学者と考古学者とが協働して検討を加えようという段階に変化してきているということができるのである。

こうした流れのなかで、たとえば、これまでフォルムは中国から伝えられたとしても石塔としては日本で発生したとされていた宝篋印塔《ほうきょういんとう》が、実は十世紀にはすでに中国の福建省泉州《ふっけんしょうせんしゅう》付近で石塔としてつくられていたことが吉河功や山川均らによって明らかにされた。また日本列島のほぼ中央に位置する福井県の石材である「日引石《ひびきいし》」は日本列島のもっとも西に位置する長崎県に、同じく

●——青森県弘前《ひろさき》市、革秀寺《かくしゅうじ》「津軽為信《つがるためのぶ》墓」　慶長《けいちょう》十二（一六〇七）年銘の津軽氏初代の墓の宝篋印塔だが、石材の色や彫刻の特徴からみると明らかに笏谷石製で、おそらく越前《えちぜん》で作製されて運ばれたものと考えられる。高さ一〇三センチ。

「笏谷石《しゃくだにいし》」は日本列島のもっとも北に位置する北海道まで運ばれて石塔などに用いられていたことも、日引石については大石一久、笏谷石については京田良志や私の調査や報告によってよく知られるようになった。そして群馬県で丹念に石塔の素材を追求している国井洋子・秋池武の仕事もある。さらに、埼玉県小《お》川《がわ》町では、多くの人の協力で、板碑原石の切出場と目される場所が特定できた。こうして、日本の金石文研究は、まさに「学際的研究」として成果をあげているといえる。

もちろんそうなのだが、いや、そうだからこそ、私にできることとして、今後も板碑・石塔の「銘文」にこだわっていきたいと思っている。

前述した「北関大捷碑」について、私は仲間たち数人と相談し、これを保管していた靖国神社のご好意で返還前に精査させていただく機会をえた。日本にとっても歴史の資料として貴重なはずのこの碑の銘文を、まさに返還の直前の姿で拓本として日本にとどめたいと考えたからである。そうして採取した拓本は、加藤清正にゆかりの深い熊本大学図書館と、日本史の文献史料のセンターである東京大学史料編纂所にも送り、今後のこの碑文の研究に役立てていただきたいと考えている。ところでこの碑は、もちろん朝鮮半島の義兵が豊臣秀吉の侵略軍に勝利したことを記念して立てられたものではあるが、子細に銘文を読んでみれば、すでに北島万次も指摘していることなのだが、実は銘文の記す内容はそれにとどまるものではない。この碑が立てられたのは戦争から一〇〇年以上ものちのことであった。なぜそれほどのちにこの碑が立てられたかといえば、朝鮮王朝内部の暗闘により、顕彰されるべき人が顕彰もされずにいたためであった。そうした埋もれた英雄を悼んで、この碑は立てられたのである。銘文は、きちんと読み、きちんと理解しなければならないと改めて肝に銘じたものである。

後世まで残すことを祈念して立てられた石塔や石碑は、かたいだけではなく、そのモノのもつ力で残ると信じられていた。それを保存するのはもちろんのことだが、そこにこめられた祈りを、私たちは銘文を深く読み込み、造形を詳細にみることで感じとっていく努力をしていかなければならないというべきだろう。

●──写真・図版提供者一覧(敬称略・五十音順)

縣敏夫(採拓)　p.52上右・下左
葛飾区郷土と天文の博物館　カバー裏
國學院大學神道資料館　p.41
瑞巌寺　p.15左
鈴木道也　扉, p.47上右・下右
関川村観光協会　p. 7 上
多摩市教育委員会『多摩市史叢書12　多摩市の板碑』　p.52上左
千々和實『武蔵国板碑集録』2　p.47左
中国通信社　p.95
中日石塔調査会　p.31下右・下左
鶴間和幸　p. 3 上
野口達郎　p.48
細川剛生　p.79中・下, 81下
四日市市立博物館　p.36下左
町田市立博物館　p.58
宮城県教育委員会『宮城県文化財調査報告書第180集「海蔵庵板碑群」』
p.76上・中

書22, 1988年
千々和到「板碑・石塔の立つ風景」石井進編『考古学と中世史研究』名著出版, 1991年
仙台市編『仙台市史　特別編５　板碑』1998年
宮城県教育委員会編『海蔵庵板碑群』宮城県文化財調査報告書180, 1999年
千々和到「景観の中の板碑群」『白い国の詩』2003年11月号

⑤―石造物の保存と利用へ

縣敏夫『八王子市の板碑』揺籃社, 2005年
矢野恒雄『飯綱山の見える村々』ほおずき書籍, 1998年
北島万次「壬辰倭乱の義兵顕彰碑と日本帝国主義―靖国神社にある『北関大捷碑』をめぐって―」『歴史学研究』639, 1992年
大石一久『石が語る中世の社会』ろうきんブックレット, 1999年
川勝政太郎「笏谷石文化について」『史迹と美術』421, 1972年
青森県立郷土館編『青森県中世金石造文化財』青森県立郷土館調査報告27, 1990年
京田良志『富山の石造美術』巧玄出版, 1976年
国井洋子「中世東国における造塔・造仏用石材の産地とその供給圏」『歴史学研究』702, 1997年
秋池武『中世の石材流通』高志書院, 2005年
磯野治司・伊藤宏之「小川町割谷採集の板碑未成品」『埼玉考古』42, 2007年
三宅宗議「井内石板碑の成形技法と頭部型式」『石巻の歴史』６, 石巻市, 1992年
佐藤雄一「卒塔婆造立の風習」『石巻の歴史』１, 石巻市, 1996年
千々和到「『上野国板碑集録』の成立事情」近藤義雄先生卒寿記念論集刊行会編『近藤義雄先生卒寿記念論集』群馬県文化事業振興会, 2010年

②―板碑と石塔を考える

藪田嘉一郎編『五輪塔の起原』綜芸舎, 1958年
藪田嘉一郎編『宝篋印塔の起原, 続五輪塔の起原』綜芸舎, 1967年
吉河功『石造宝篋印塔の成立』第一書房, 2000年
山川均『日本史リブレット29　石造物が語る中世職能集団』山川出版社, 2006年
斎藤忠『仏塔の研究』第一書房, 2002年
大分県立宇佐風土記の丘歴史民俗資料館編『石造文化財の保存対策のための概要調査』大分県立宇佐風土記の丘歴史民俗資料館調査報告書18, 1996年
石田尚豊『日本美術史論集』中央公論美術出版, 1988年
有元修一・肥留間博「陽刻像板碑の類例と嘉禄銘板碑の復原」『埼玉県立博物館紀要』11, 1985年
町田市立博物館編『武蔵の塔婆』町田市立博物館図録69, 1990年
加藤政久『石仏偈頌辞典』国書刊行会, 1990年
菅原昭英「鎌倉時代の遺偈について」大隅和雄編『鎌倉時代文化伝播の研究』吉川弘文館, 1993年
千々和實『武蔵国板碑集録』2, 小宮山書店, 1968年
埼玉県教育委員会編『板碑―埼玉県板石塔婆調査報告書―』名著出版, 1981年
多摩市編『多摩市の板碑』多摩市史叢書12, 1997年
藤沢典彦「墓地景観の変遷とその背景」『日本史研究』330, 1990年

③―板碑の履歴書

町田市立博物館編『多摩の板碑』町田市立博物館図録116, 1999年
釈迦堂光浩「伝　安保入道道忍の墓」『ふるさと多摩』5, 1992年
パルテノン多摩編『関戸合戦』特別展図録, 2007年
千々和到「入間市円照寺の板碑の『履歴書』」『國學院大學大学院紀要』25, 1994年
岸本覚「長州藩祖廟の形成」『日本史研究』438, 1999年
飯田俊郎「春登上人の随筆『蘘くぐつ』について」『残花濃淡』2004年

④―石塔のある風景

名取市教育委員会編『大門山遺跡発掘調査報告書』名取市文化財調査報告

●——参考文献

全体にわたるもの

服部清道『板碑概説』角川書店, 1972年(旧版は1933年)
石井真之助『板碑遍歴六十年』木耳社, 1974年
庚申懇話会編『日本石仏事典』雄山閣出版, 1975年
鈴木道也『板碑の美』西北出版, 1977年
坂詰秀一編『板碑研究入門』ニュー・サイエンス社, 1982年
千々和實『板碑源流考』吉川弘文館, 1987年
千々和到『板碑とその時代』平凡社選書, 1988年
『世界大百科事典』平凡社, 1988年
播磨定男『中世の板碑文化』東京美術, 1989年
坂詰秀一編『板碑の総合研究　増補改訂版』柏書房, 1991年(旧版は1983年)
川勝政太郎編『日本石造美術辞典』(新装版)東京堂出版, 1998年(初版は1978年)

①—石というもの

千々和到「石の文化」『岩波講座 日本通史』9, 岩波書店, 1994年
峰岸純夫・入間田宣夫『城と石垣』高志書院, 2003年
中沢厚『石にやどるもの』平凡社, 1988年
網野善彦「境界領域と国家」『日本の社会史』2, 岩波書店, 1987年
月刊石材編集部「大王のひつぎ実験航海」『月刊石材』2004年11月号～2005年9月号(連載)
千々和到「日本の金石文研究　現況」『大東文化研究』55, (韓国)成均館大学校大東文化研究院, 2006年
阪本是丸「好古への情熱と逸脱—宣長を怒らせた男・藤貞幹—」『國學院大學日本文化研究所紀要』96, 2005年
石村喜英ほか編『梵字事典』雄山閣出版, 1977年
川勝政太郎『梵字講話』河原書店, 1980年
川勝政太郎『日本石材工芸史』綜芸舎, 1957年
佐藤正人「松島町の板碑」『松島町史　資料編1』松島町, 1989年
『大阪狭山市　別巻石造物編』大阪狭山市, 2006年

日本史リブレット31

板碑《いたび》と石塔《せきとう》の祈《いの》り

2007年8月31日　1版1刷　発行
2019年2月25日　2版1刷　発行

著者：千々和《ちぢわ》　到《いたる》

発行者：野澤伸平

発行所：株式会社　山川出版社

〒101－0047　東京都千代田区内神田1－13－13
電話　03(3293)8131(営業)
03(3293)8135(編集)
https://www.yamakawa.co.jp/
振替　00120-9-43993

印刷所：明和印刷株式会社

製本所：株式会社 ブロケード

装幀：菊地信義

Printed in Japan ISBN 978-4-634-54310-2

日本史リブレット 第Ⅰ期【全68巻】

1. 旧石器時代の社会と文化 ─ 白石浩之
2. 縄文の豊かさと限界 ─ 今村啓爾
3. 弥生の村 ─ 武末純一
4. 古墳とその時代 ─ 白石太一郎
5. 大王と地方豪族 ─ 篠川賢
6. 藤原京の形成 ─ 寺崎保広
7. 古代都市平城京の世界 ─ 舘野和己
8. 古代の地方官衙と社会 ─ 佐藤信
9. 漢字文化の成り立ちと展開 ─ 新川登亀男
10. 平安京の暮らしと行政 ─ 中村修也
11. 蝦夷の地と古代国家 ─ 熊谷公男
12. 受領と地方社会 ─ 佐々木恵介
13. 出雲国風土記と古代遺跡 ─ 勝部昭
14. 東アジア世界と古代の日本 ─ 石井正敏
15. 地下から出土した文字 ─ 鐘江宏之
16. 古代・中世の女性と仏教 ─ 勝浦令子
17. 古代寺院の成立と展開 ─ 岡本東三
18. 都市平泉の遺産 ─ 入間田宣夫
19. 中世に国家はあったか ─ 新田一郎
20. 中世の家と性 ─ 高橋秀樹
21. 武家の古都、鎌倉 ─ 高橋慎一朗
22. 中世の天皇観 ─ 河内祥輔
23. 環境歴史学とはなにか ─ 飯沼賢司
24. 武士と荘園支配 ─ 服部英雄
25. 中世のみちと都市 ─ 藤原良章
26. 戦国時代、村と町のかたち ─ 仁木宏
27. 破産者たちの中世 ─ 桜井英治
28. 境界をまたぐ人びと ─ 村井章介
29. 石造物が語る中世職能集団 ─ 山川均
30. 古代の日記の世界 ─ 尾上陽介
31. 板碑と石塔の祈り ─ 千々和到
32. 中世の神と仏 ─ 末木文美士
33. 中世社会と現代 ─ 五味文彦
34. 秀吉の朝鮮侵略 ─ 北島万次
35. 町屋と町並み ─ 伊藤毅
36. 江戸幕府と朝廷 ─ 高埜利彦
37. キリシタン禁制と民衆の宗教 ─ 村井早苗
38. 慶安の触書は出されたか ─ 山本英二
39. 近世村人のライフサイクル ─ 大藤修
40. 都市大坂と非人 ─ 塚田孝
41. 対馬からみた日朝関係 ─ 鶴田啓
42. 琉球の王権とグスク ─ 安里進
43. 琉球と日本・中国 ─ 紙屋敦之
44. 描かれた近世都市 ─ 杉森哲也
45. 武家奉公人と労働社会 ─ 森下徹
46. 天文方と陰陽道 ─ 林淳
47. 海の道、川の道 ─ 斎藤善之
48. 近世の三大改革 ─ 藤田覚
49. 八州廻りと博徒 ─ 落合延孝
50. アイヌ民族の軌跡 ─ 浪川健治
51. 錦絵を読む ─ 浅野秀剛
52. 草山の語る近世 ─ 水本邦彦
53. 21世紀の「江戸」─ 吉田伸之
54. 近世歌謡の軌跡 ─ 倉田喜弘
55. 海を渡った日本人 ─ 清水勲
56. 近代漫画の誕生 ─ 清水勲
57. 近代日本とアイヌ社会 ─ 麓慎一
58. スポーツと政治 ─ 坂上康博
59. 近代化の旗手、鉄道 ─ 堤一郎
60. 情報化と国家・企業 ─ 石井寛治
61. 民衆宗教と国家神道 ─ 小澤浩
62. 日本社会保険の成立 ─ 相澤與一
63. 歴史としての環境問題 ─ 本谷勲
64. 近代日本の海外学術調査 ─ 山路勝彦
65. 戦争と知識人 ─ 北河賢三
66. 現代日本と沖縄 ─ 新崎盛暉
67. 新安保体制下の日米関係 ─ 佐々木隆爾
68. 戦後補償から考える日本とアジア ─ 内海愛子

〈すべて既刊〉

第Ⅱ期【全33巻】

69. 遺跡からみた古代の駅家 ─ 木本雅康
70. 古代の日本と加耶 ─ 田中俊明
71. 飛鳥の宮と寺 ─ 林部均
72. 古代東国の石碑 ─ 平川南
73. 律令制とはなにか ─ 大津透
74. 正倉院宝物の世界 ─ 杉本一樹
75. 日宋貿易と「硫黄の道」─ 山内晋次
76. 荘園絵図が語る古代・中世 ─ 小泉聖恵
77. 対馬と海峡の中世史 ─ 佐伯弘次
78. 中世の書物と学問 ─ 小川剛生
79. 史料としての猫絵 ─ 落合延孝
80. 寺社と芸能の中世 ─ 松尾恒一
81. 一揆の世界と法 ─ 呉座勇一
82. 戦国時代の天皇 ─ 今谷明
83. 日本史のなかの戦国時代 ─ 村井章介
84. 兵と農の分離 ─ 平井上総
85. 江戸時代のお触れ ─ 藪田貫
86. 江戸時代の神社 ─ 井上智勝
87. 大名屋敷と江戸遺跡 ─ 宮崎勝美
88. 近世鉱山をささえた人びと ─ 荻慎一郎
89. 近世都市と市場 ─ 渡辺尚志
90. 「資源繁殖の時代」と日本の漁業 ─ 斎藤善之
91. 江戸の浄瑠璃文化 ─ 内山美樹子
92. 江戸時代の老いと看取り ─ 柳谷慶子
93. 近世の淀川治水 ─ 水本邦彦
94. 日本民俗学の開拓者たち ─ 新谷尚紀
95. 軍用地と都市・民衆 ─ 荒川章二
96. 感染症の近代史 ─ 内海孝
97. 戦争と文化財の近代 ─ 高木博志
98. 現代日本と言論報国会 ─ 佐藤卓己
99. 労働力動員と強制連行 ─ 外村大
100. 科学技術政策 ─ 沢井実
101. 占領・復興期の日米関係 ─ 池田慎太郎

〈白ヌキ数字は既刊〉